THE TRUTH ABOUT
BIG DATA

大数据真相

数字经济时代
你需要知道的事儿

杜晓梦 马京晶 编著

人民邮电出版社
北京

图书在版编目（CIP）数据

大数据真相：数字经济时代你需要知道的事儿 / 杜晓梦，马京晶编著. -- 北京：人民邮电出版社，2022.7（2023.7重印）
ISBN 978-7-115-58450-2

Ⅰ. ①大… Ⅱ. ①杜… ②马… Ⅲ. ①信息经济 Ⅳ. ①F49

中国版本图书馆CIP数据核字(2021)第276280号

内 容 提 要

本书以新一代数据技术的崛起为切入点，介绍了大数据的基本概念，厘清人们对大数据的认知误区，并介绍了相关的人工智能技术，全景式地展现了大数据与人工智能是如何影响人们的生活、工作和学习的，不仅涵盖了购物、娱乐、居家、医疗、婚恋、养老、环保等日常生活的方方面面，而且就人们在大数据与人工智能迅猛发展的当下该如何学习才不落后于时代提供了建议。最后探讨了大数据与人工智能目前存在的缺陷以及未来的发展方向。

本书内容丰富，案例全面，语言通俗，涉及的内容多数来自身边的事件，非常适合大众阅读，可以促进大众对大数据的认知，提高对新一代数据技术应用思考的深度，从而更好地拥抱由科学技术创新与发展引领的时代潮流。

◆ 编　著　杜晓梦　马京晶
责任编辑　贾鸿飞
责任印制　王　郁　胡　南

◆ 人民邮电出版社出版发行　北京市丰台区成寿寺路11号
邮编 100164　电子邮件 315@ptpress.com.cn
网址 https://www.ptpress.com.cn
北京九州迅驰传媒文化有限公司印刷

◆ 开本：880×1230　1/32
印张：6.5　　　　　　　　2022年7月第1版
字数：150千字　　　　　　2023年7月北京第4次印刷

定价：69.90元

读者服务热线：(010)81055410　印装质量热线：(010)81055316
反盗版热线：(010)81055315
广告经营许可证：京东市监广登字 20170147 号

前言：拥抱数据新时代

大数据就是数据人吗？人类与 AI 的关系到底是互助共赢还是人类最终被 AI 统治？大数据是万能的吗？大数据能预测股价吗？从业以来，经常会被各种各样的人问到各种各样的问题。有些人对未知事物充满了好奇和期待，认为大数据和人工智能等新技术一样神秘又无所不能，甚至能够改变人类的命运；另一些人则认为大数据是伪命题，是炒作，是技术泡沫，无法长久地存在于已有的技术框架之中。事实上，任何理论或技术刚问世时都不会立即得到广泛的认同，就连爱因斯坦这样的大师也曾拒绝接受量子力学全新的"不可预测"理论，说出那句著名的"上帝不会掷骰子"，这句话反映了物理学泰斗对于这个世界客观性的判断，以及对待科学的审慎态度，却也阻挡不了量子力学蓬勃发展并逐渐走向明朗。

大数据作为新一代信息技术的代表，尽管也受到了很多专家学者的质疑，但并不影响它在各个领域开花结果。不断在各个领域落地、演进的应用，无不在告诉那些曾经发出过质疑的人：我们正在进入数字化时代，技术发展的洪流不会因为有人持有异议而停止。

随着越来越多的大数据应用的诞生，以及这些应用对人类福祉的全方位改善，很多对大数据的质疑也逐渐销声匿迹。顺应变化，对正向的进步的事物持开放态度，并积极拥抱它，就能走在时代的前列，并从中受益——把大数据和人工智能技术作为自己的"工具"，提升个人竞争力，尽早融入数字化时代，是我们要做的甚至是不得不做的选择。

大数据到底该如何定义呢？维基百科对于大数据的定义是指"所涉及的数据量规模巨大到无法通过传统方式，在合理时间内达到截取、管理、处理，并整理成为人类所能解读的信息"。"大数据时代的预言家"维克托·迈尔-舍恩伯格教授在《大数据时代：生活、工作与思维的大变革》一书中指出，"大数据指人们在大规模的数据基础上可以做到的事情，而这些事情在小规模数据的基础上是无法完成的。大数据是人们获得新的认知，创造新的价值的源泉；大数据还是改变市场、组织架构，以及政府与公民关系的方法"。而我个人认为，对大数据的定义最重要的是如何把"大"说清楚，所有可以被记录下来的信息都是数据。那么，什么是"大"？我们认为，"大"，是无处不在，大数据就是无处不在的数据。当然，这不是一个技术层面的定义。从技术上来说，大数据的出现与分布式存储、分布式计算是紧密相关的，本书的重点并不在于讨论大数据和人工智能在技术上的实现细节，而是专注于阐述大数据对于人们生活、工作、学习的改变。

本书就是写给意识到大数据技术的重要性，又不知何去何从的人看的。愿这本书成为你了解新一代信息技术的启蒙书。无论你在什么行业，从事什么岗位的工作，相信我，本书描述的这一切都与你相关。

作为一本通识性读物，本书不涉及那些深奥的技术理论和技术细节，而是将大众关心的、感兴趣的问题作为讨论重点。例如，AI"记忆"的词汇比人类更多，那么翻译会失业吗？为什么电商平台能够准确知道我想买什么呢？家居生活会变得更智能吗，比如我可以和冰箱聊天吗？未来还需要学外语吗，我应该学点什么未来才不会失业？哪些是人类擅长的事，哪些是终将被技术发展淘汰的岗位？相信这样的内容安排不仅会让你觉得读起来非常有意思，而且让你能够同时了解技术对人类社会的渗透，从而找到有关问题的答案。

在本书的最后，我们也将讨论大数据的一些局限性。大数据到底是终结者还是机器猫？这个问题留给你们在看完本书后自行判断吧。可以预见的未来渐行渐近，早日给自己装上数据技术的翅膀，成为真正的新人类，拥抱这个数据时代吧。

本书在策划之初，就得到了不少人的关注与支持。在此要感谢北京大学国家发展研究院的张琬玥、刘曦苑、杨舒涵、陈思宇、刘佳佳等同学在本书写作过程中提供各种支持。尽管我们竭尽所能去平衡技术性和可读性，但对技术的描述仍难免存在疏漏与不妥之处，敬请读者不吝指正，我们将在再版时进行修订。

杜晓梦

2022 年 1 月 28 日于北京百分点

目录

第 1 章

拐点：新一代数据技术的崛起　　001

- 1.1 大数据就是数据大？从 ABCD 说起　　002
  - 1.1.1 数据从哪里来？如何采集与传输　　008
  - 1.1.2 数据安全吗？如何安全协作　　011
  - 1.1.3 数据如何存储？用什么方法来处理分析　　012
  - 1.1.4 数据怎么挖掘？AI 研究什么　　014
  - 1.1.5 我们身边的应用　　016
- 1.2 你知道技术是如何认识世界的吗　　018
  - 1.2.1 感知：看到、听到、触摸到　　019
  - 1.2.2 如何解读我们感知到的　　023
  - 1.2.3 决策：如何权衡利弊　　026

第 2 章

生活：更值得期待的世界　　031

- 2.1 购物　　032

    2.1.1　AI 似乎比你更了解你自己想看什么　　032
    2.1.2　AI 似乎比你更了解你自己想买什么　　036
    2.1.3　等一下，为什么我们的价格不一样　　042
2.2　娱乐篇　　045
    2.2.1　未来的游戏：人类感官的极大延展　　046
    2.2.2　短视频时代：为什么人人都爱快手、抖音　　048
    2.2.3　娱乐社交媒体的变迁：小众空间　　051
    2.2.4　结语　　053
2.3　居家　　054
    2.3.1　AI 可以满足哪些居家生活需求　　054
    2.3.2　展望　　060
2.4　医疗：你愿意让 AI 给你看病吗　　060
    2.4.1　在线诊疗　　062
    2.4.2　智能辅助　　063
    2.4.3　智能医疗器械　　065
    2.4.4　未来展望　　068
2.5　婚恋：算法可以帮你找到更好的伴侣吗　　069
    2.5.1　AI 红娘——在线婚恋　　070
    2.5.2　AI 红娘——线下相亲　　073
    2.5.3　AI 定终身　　074
    2.5.4　未来的婚恋设想　　075
2.6　养老　　076
    2.6.1　AI 如何为养老提供生活辅助　　077
    2.6.2　AI 如何为养老提供精神支持　　079
2.7　人与自然——AI 聆听自然的声音　　080
    2.7.1　人与环境　　081
    2.7.2　人与动物　　086

2.7.3　人与自然的未来畅想　　　　　　　　　　　　091

第3章

工作：行业中的大数据　　　　　　　　　092

3.1　金融大数据　　　　　　　　　　　　　　093
　　3.1.1　我的信用值多少钱　　　　　　　　　　093
　　3.1.2　大数据可以帮我炒股吗　　　　　　　　096
　　3.1.3　展望　　　　　　　　　　　　　　　　100
3.2　政府大数据　　　　　　　　　　　　　　100
　　3.2.1　智能助手，助力高效工作　　　　　　　100
　　3.2.2　智能指挥中心，整合资源调配　　　　　103
　　3.2.3　建设服务型政府，助力居民美好生活　　108
3.3　公安大数据　　　　　　　　　　　　　　110
　　3.3.1　警务工作　　　　　　　　　　　　　　111
　　3.3.2　交通与运输　　　　　　　　　　　　　113
　　3.3.3　预警防范　　　　　　　　　　　　　　113
　　3.3.4　讨论与展望　　　　　　　　　　　　　115
3.4　教育篇　　　　　　　　　　　　　　　　115
　　3.4.1　实体课堂到云课堂：人人都能上清华北大　116
　　3.4.2　教育的个性化趋势：大数据带来的因材施教　118
　　3.4.3　AI也能当老师吗　　　　　　　　　　　122
　　3.4.4　结语　　　　　　　　　　　　　　　　125
3.5　制造业大数据　　　　　　　　　　　　　125

3.5.1 大数据技术如何帮助产品研发 125
3.5.2 大数据技术如何帮助产品生产 127
3.5.3 大数据技术如何帮助产品供应 128
3.5.4 思考 129
3.6 服务业篇 129
3.6.1 未来谁来给我们提供服务 131
3.6.2 无人化在哪些服务场景碰壁 135
3.6.3 展望服务行业的未来 138

第 4 章

学习：数据新人类的未来 140

4.1 未来还需要学开车吗 141
　4.1.1 象棋，围棋，还有什么赢不了 143
　4.1.2 谁说机器只能"学习"不能"创造" 147
4.2 未来，你会失业吗？培养 AI 做不到的能力 150
　4.2.1 助力还是颠覆——AI 会完全替代我们吗 151
　4.2.2 全面使用人工智能，我们真的准备好了吗 155
　4.2.3 在人工智能发展的潮流中我们有什么不可替代的特质 156
　4.2.4 未来，我们会如何工作 159
4.3 成为数据新人类，你准备好了吗 160
　4.3.1 顺应时代，掌握与数据相关的知识 161
　4.3.2 发挥自身优势，与 AI 协作共创美好未来 171

第 5 章

思考：人和技术的关系　　　　　　　　　　　　　173

　5.1　**大数据是全能的吗**　　　　　　　　　　　　174
　　　5.1.1　小数据的败北：问卷调研会说谎　　　　174
　　　5.1.2　因果分析、经验和直觉判断　　　　　　176
　　　5.1.3　未来有效的范式：多种数据多维度联合，数据与
　　　　　　知识经验的适配　　　　　　　　　　　178
　5.2　**终结者 or 机器猫**　　　　　　　　　　　　179
　　　5.2.1　两种观念　　　　　　　　　　　　　　179
　　　5.2.2　我们害怕的是什么　　　　　　　　　　181
　　　5.2.3　如何与技术和谐共处　　　　　　　　　188

后记　　　　　　　　　　　　　　　　　　　　195

第 1 章

拐点：新一代数据技术的崛起

从 17、18 世纪蒸汽机问世与改良，到 19 世纪 70 年代电气时代开始，再到 20 世纪 50 年代以电子计算机、原子能等为标志的第三次工业革命，近三百年来科技一直处于技术高速发展的时期。进入 21 世纪，随着计算机技术、互联网技术的成熟，新一代数据相关的技术进入了如火如荼的发展阶段。由于具备计算机、通信、电子、测控、统计等多学科叠加的独特性质，此次的技术变革与之前渐进性的不太一样，各项相关的技术翻天覆地发展，数据量呈指数级别的增长。那么，新一代数据相关的技术包括哪些？在我们的日常生活中它们又有哪些应用呢？

1.1 大数据就是数据大？从ABCD说起

在 2015 年，"大数据"是一个热门的、看起来"高大上"的名词，那时人们还在争论大数据到底是"大革命"还是"大忽悠"。而今天，"大数据"这个词已经妇孺皆知。人们已经不再那么热烈地讨论大数据，已经默认大数据的存在，并且认为每家机构都应该合理、科学地发展和利用大数据。

关于什么是大数据，众说纷纭。不少人有过一系列关于大数据的问题。

- 什么是大数据？什么是小数据？到底多大才算"大"？
- 大数据和小数据有什么区别？
- 大数据就是像仓库货物一样堆着的吗？
- 大数据就是做预测，不做预测的就不是大数据？

其实，很多人对"大数据"这个名词并没有很清晰的认知，有人甚至调侃说"算命的现在都叫大数据了"。

"Big Data"（大数据）这个概念，首次出现是在 2008 年 9 月的 *Nature* 杂志上。当时这本杂志并没有明确解释"Big Data"的含义，但从寄语和总结中可以看出，杂志编辑理解的"Big Data"是海量的、多种结构的数据。在这本杂志上，许多学术界和工业界的专家探讨了体量越来越大的数据带来的挑战和机遇。

显然，"Big Data"这个词汇当时非常准确地描绘了数据爆发式增长的状态，于是很快便流行开了，越来越多的人开始谈论大数据，谈论它的特点和价值，讨论它带来的变化。但"大数据"这个概念到底该怎么理解？什么样的数据才算是"大数据"？至今也没有一种标准的说法。

今天，关于"大数据"，有这么几种有代表性的定义。

- 在维基百科网站，"大数据指的是所涉及的数据量规模巨大到无法通过传统方式，在合理时间内达到截取、管理、处理，并整理成为人类所能解读的信息"。这种定义强调的是数据的规模和体量大。
- 被誉为"大数据时代的预言家"的维克托·迈尔-舍恩伯格教授，在其《大数据时代：生活、工作与思维的大变革》一书中指出："大数据指人们在大规模的数据基础上可以做到的事情，而这些事情在小规模数据的基础上是无法完成的。大数据是人们获得新的认知，创造新的价值的源泉；大数据还是改变市场、组织架构，以及政府与公民关系的方法"。这里，大数据被定义成一些"事情"和"方法"，不再是简单的"海量数据"。

维基百科网站的定义非常好理解，也符合直观上"大数据"这个名词带有的意思，大数据，大量的数据。这个定义有其合理的一面,但是,具体多大是"大",并没有给出标准。《维基百科》以"无法通过传统方式,在合理时间内"界定,既没定义什么是传统方式,也没界定什么是合理时间,以至于还是没法对什么是"大"做出判断。1PB(1PB=1024TB,一张普通 DVD 有 4GB 左右的容量,1PB 相当于 260000 张普通 DVD 的容量,每天看一张需要 700 年左右才能看完)算"大"吗? 1EB(1EB=1024PB)算"大"吗?维基百科并没有说清楚。除此以外,这个定义片面强调了数据量,而大数据的含义也不只于此,还应包括大数据所能完成的任务以及与小数据的差别,也应包括大小数据在结构和来源上的不同。

在《大数据时代:生活、工作与思维的大变革》一书中,作者认为大小数据的区分在于在不同数据规模上所能完成的任务的不同,暗含了大数据时代下人们能够用大数据做更丰富多样的事情,这也是人们普遍的观点。这个定义虽然没有直接从数据规模上来界定什么是大小数据,但使用"大规模的数据基础上可以做到的事情"来定义大数据,与维基百科一样存在关于量的定义问题。并且,单单强调了能够完成的任务,忽略了大数据其他方面的内容,也是不全面的。

这两种定义都有可取的部分,都描述了大数据的一些方面,但也仅仅是一些方面,并不能完整地概括出大数据的含义。在这里,我们不妨用这样的表述定义"大数据":大数据是指利用数据化理念和信息化手段理解和分析现实世界的整个过程,以及这个过程中产生的所有数据。这个定义比较全面地包含了大数据的方方面面,恰当描述了信息技术的未来走向。这里,可以进一步用"4V"描述大数据的特点,如下图所示。

目前,在大数据领域,人们普遍认可大数据具有 4V 的特点,简单描述即体量大、速度快、种类多、价值大。意思是,大数据往往具有数据量大、记录和运用的时效性强、产生与采集快速、数据种类多样以及蕴含着巨大价值的特点。

对于体量,大数据是对事物发展进行全面细致的量化和数据化。在这个过程中,要求记录是全面而细致的,这必然会产生大量数据,同时记录了数据产生的过程和结果,且一个结果往往对应多个过程,这使得过程数据多于结果数据。

对于速度,由于对事物发展的记录是全面细致的,而事物的状态是转瞬而逝的,为了达到实时要求,记录几乎必须和发生同时进行。传统数据之所以很难实时应用,很大的一个原因是数据收集周期很长。比如,我们希望了解用户对手机的偏好,以便我们对手机设计进行改进,为日后在市场中投入比竞争对手更有优势的产品。从项目立项、组织人手、设计问卷,到具体执行、收集数据,往往会有 1~2 月的周期,这个漫长的周期限制了实时运用的能力。而大数据的数据是实时记录的,这就解决了实时运用的最大瓶颈——速度。在解决了速度问题之后,企业对于数据必然是实时运用的。

对于多样,由于不同事物往往具有不同属性,同一事物也具备多种属性,这就使得数据的种类非常多。比如,我们需要记录用户的电脑使用行为,由于电脑的应用程序很多,记录的数据也就包罗万象,我们打开某款浏览器、滑动广告界面浏览商品、点进某件商品的详情界面、输入收货地址等,都是被记录下来的不同类型的数据。

对于价值,传统数据往往仅仅记录结果,这就导致了人们很难用其分析背后原因。而大数据不仅仅记录了结果信息,也记录全部的过程信息,这就使我们用其分析"结果"产生的原因,使我们有能力在下次取得更好的"结果",并且发现潜在的"结果"。用户在付款的最后一步取消了订单,转而退出去在筛选条件里加上了"包邮",类似这样的行为记录,有助于我们分析销量下降的原因。

对于人类发展来讲,终极目标是求得全人类的幸福,而在走向人类终极目标的过程中,要想每一步都不走错,每一天都有进步,这就必然要求有足够的知识,明白什么会给人类带来幸福,要有能力分析造成"结果"的原因,发现潜在的"结果",这种能力,只能建立在对于世界无所不包的记录以及时时刻刻的分析之上。

在大数据时代,从数据的采集、清洗、加工处理到最后的运用,在各个环节都出现了技术的革新。为了使读者对此次技术革命中主要的技术突破有一个清晰的认知,这里给出了大数据涉及内容的框架,如下图所示。

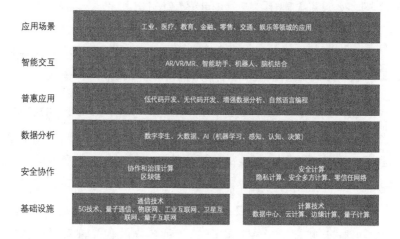

这里从最下面的基础设施层开始介绍。这一层的技术和设施主要用于提供互联网数据使用和采集的基础功能,包括通信技术(物联网、5G、量子通信等)和计算技术(数据中心、云技术、边缘计算等)两大类。第二层为安全协作层,涉及数据的协作和治理计算及安全计算技术,代表性的技术有区块链、安全多方计算等。第三层是数据分析层,主要是利用人工智能算法对数据进行进一步挖掘,构建智能的人工系统,细化的领域包括机器学习、计算机视觉等。在普惠应用层和智能交互层,新一代信息技术逐渐向成熟的应用过渡,传统的代码开发、数据分析和编程方式得到改进,AR/VR/MR、机器人等应用越来越普及。最顶端的是应用场景层,大数据及系列技术已经广泛应用于金融、零售、医疗、教育等各个领域,极大地改变了包括衣、食、住、行各个方面在内的日常生活。

1.1.1 数据从哪里来？如何采集与传输

大数据的基础设施主要包括物联网、5G、IDC、云计算和量子计算，它们是与数据采集、传输、计算密切相关的重要概念。

物联网的"物"指的是在日常生活中一切能接入网络的物品。这些物品借助各种传感器、激光、红外扫描器、射频识别技术等连接到网络中，互相传递、共享信息，从而实现对物品的智能化感知和管理。下面是图书《图解物联网》里的一张图，随着可搭载传感器、宽带技术的普及，不仅是PC、服务器、手机等传统IT设备，汽车、图书、机器人、家用电器等各种各样的物品都可以接入互联网。

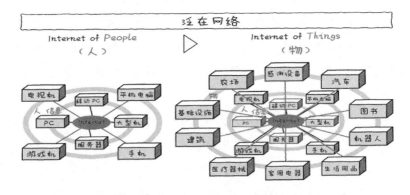

以图书为例，将图书馆中的图书信息录入RFID[1]电子标签，一一对应贴在每本书上，形成一个图书物联网，管理者就可以利用PC端的后台数据库获取图书的位置信息，从而实现图书自助借还、

---

1 Radio Frequency Identification，射频识别技术，利用无线射频方式实现对RFID标签的读写，比起传统的条码和磁条，具有寿命更长、效率更高、可实现多目标识别等优势。

分架整理、安全门防盗等功能。这就是一个简单的物联网应用，超市等零售业也离不开这一技术。更复杂的物联网被应用于农业、工业、医疗、物流、交通等各个领域，能够采集各种"物"的声、光、热、电、力、位置等信息，为各类大数据的采集提供了重要渠道。其中，工业物联网更是能够使传统工业实现智能化，极大提高制造效率的有效途径，也是我国"新基建"七大领域的重要组成之一。

"新基建"的另一大领域就是 5G 基站的建设。使用 5G 技术，即第五代移动通信技术（5th generation mobile networks）意味着使用比 4G 更高频率的电波通信，而电磁波频率越高、波长越短的特点意味着 5G 基站的覆盖能力大幅度减弱，要覆盖同样大一个区域，需要的 5G 基站数量要比 4G 多得多。5G 技术的发展正是出于满足移动数据指数级增长的需求。随着互联网和物联网技术的发展，越来越多设备接入网络，数据流量的暴增势必会带来低速率、高延迟的问题，因此，5G 乃至 6G 技术的发展是未来信息技术进步不可或缺的基石之一。

5G 服务由运营商向用户提供，而我国的三大运营商就是典型的 IDC（互联网数据中心，Internet Data Center）。IDC 是专门提供网络资源和服务的企业模式，它提供包括大规模场地及机房设施、高速可靠的网络、网络监测方面的服务在内的专业资源，供通过因特网来处理业务的企业用户使用，从而节省企业自己建机房、建系统、聘请开发维护人员的成本。通俗地说，IDC 就是"机房+服务"。IDC 最初只为企业用户提供场地设施、带宽等基础服务，随着网络技术的发展和业内分工的进一步细化，现在的 IDC 可以为用户提供包括电子商务、服务器托管、安全监测等各类增值服务。

一个 IDC 机房里往往有上万台实体服务器，每台服务器都有着自己有限的运算和处理资源,把多台服务器的运算资源集合起来[1],就形成了一个资源共享池,这就是"云"[2]。通过自动化管理,云能够快速地向使用者提供这些被集合起来的硬件、软件资源,这意味着,计算能力等资源就像一种商品,可以在互联网上流通,就像水、电、煤气一样,可以方便地取用,且价格较为低廉。因此,手机、电视机等各种终端设备不需要具备强大的处理能力,只是作为单纯的显示和操作终端就可以使用超出自身计算能力的资源。

未来,计算能力将会成为一种生产能力,而数据将会成为最大的生产资料。同时,计算能力也是人工智能的核心资源。在1975年,世界上最快的计算机CRAY-1有着160Mflops的运算速度。2019年,我们一般使用的CPU的速度都已经达到几百乃至上千Gflops,已经是当时的成千上万倍。截至2020年6月,世界排名第一的超级计算机Fugaku的运算速度已经达到了513Pflops(51.3亿亿次)。算力的提升一直是人们不断努力的目标,分布式、云技术等为此做出了贡献,而量子计算机为算力的进一步提升指明了重要的方向。

量子计算机的发明为数据的高速运算、存储及信息处理带来了突破。传统的计算机使用比特(bit,字节)存储数据,量子计算机使用量子比特来存储数据。如果要数清宇宙中全部的2300个原子,只需300个量子比特即可。这极大地提升了计算机的存储能力和计

---

1 具体的集合方式:在一组集群实体服务器上虚拟出多个类似独立服务器的部分,集群中每个实体服务器上都有一个虚拟出来的独立服务器的镜像,而这些相同的镜像组成的虚拟服务器就叫云服务器。

2 云也叫做资源池,是一些可以自我维护和管理的虚拟计算资源,通常是一些大型服务器集群,包括计算服务器、存储服务器和宽带资源等。

算能力。尽管还处于发展之中，也面临很多技术难题和障碍，量子技术仍将很有可能使计算机的计算能力得到指数级别的增长，带来颠覆性的变革。

在大数据时代，数据可以是来自于任何一种人或物的声、光、热、电、力、位置等各个方面的信息，5G 乃至 6G 等未来更多代的移动通信技术可以保证数据的快速和稳定传输，更先进的 IDC 模式和云技术则提供了专业和高效的 IT 及网络资源支持，使得企业或个人能够把精力集中在核心业务上，并借助网络迅速开展业务。

1.1.2　数据安全吗？如何安全协作

在大数据时代，数据安全的重要性不言而喻。安全多方计算、边缘计算、量子加密等都是保障数据安全的有效技术。

在很多情况下，我们既希望得到计算结果，又不想把自己的数据泄露给参与计算的其他人，就可用安全多方计算。它在电子选举、电子投票、电子拍卖、云外包计算、自助医疗诊断、门限签名以及商业策略评估等多个场景中都有着非常重要的应用。

在前文中，我们介绍过云计算的概念，而边缘计算是对云计算的补充，它将部分数据存储在网络边缘的设备（如手机、电脑等个人设备）中，而不像云计算那样将它们几乎全部保存在云（集中的资源共享池）中，从而减少了需要传输到云端的数据量。与云计算相比，边缘计算也采用分布式的架构，但更接近网络边缘，数据的存储及处理更依赖本地设备，而非服务器。因此，边缘计算可以避免数据传输到云端后发生泄露或被盗用等问题，从而更好地保证数据安全和用户隐私。

量子技术在加密方面同样也有着重要应用。早在 1989 年，科学家们就开始研究利用量子技术传送秘密钥匙，而任何窃取量子密码的行为都会发生扰动，从而被发送者或接收者察觉。市场上已经有了比较成熟的量子密码系统，如瑞士的 id Quantique、美国的 MagiQ 等，但目前的量子密码术还仅限在地区性的网络上使用，有些应用仍处于实验阶段。

1.1.3 数据如何存储？用什么方法来处理分析

数据的采集和传输是大数据技术的第一步，数据的存储管理以及处理分析则是下一个至关重要的步骤。海量的数据被采集之后，如果不能清晰有效地存储和管理，那么进一步的分析和挖掘也会成为空谈。在这一层代表性的技术包括大数据技术栈中存储和计算相关的部分。

近数十年来大数据技术发展迅速，其中以 Hadoop 生态体系和 Spark 最为突出。下图呈现了这些技术的集合架构，由下自上可以分为采集层、传输层、存储层、计算层、工具层、服务层等。

技术栈的划分是从技术层面出发，供专业的数据工程师学习和参考用的，一般对应各种具体的软件工具。本书旨在为读者介绍更多广义上的数据信息技术，而不是具体的软件工具。所以主要简单介绍大数据技术栈中的数据存储层。

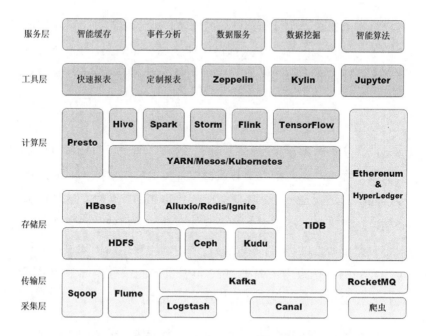

在存储层的主要技术中，HBase 和 HDFS 分别是一种分布式数据库和分布式文件系统。不同于传统的集中式，分布式将程序和数据分散地存储在多台独立的计算机上，从而达到分担存储负荷、提高计算效率的目的。存储在 HDFS 中的文件就是被分成许多块，复制到多台计算机中的。Alluxio、Ignite、Redis 是各种类型的分布式存储系统或者数据库技术。这些不断发展、完善的技术都为海量数据的存储和管理提供了基础和便利。

在存储和计算两层右侧的 Etherenum（以太坊）& HyperLedger（超级账本）则属于区块链框架，兼具存储和计算的功能。区块链技术近年来上升为国家战略技术，其应用已延伸到数字金融、物联网、智能制造、供应链管理等多个领域。也许我们或多或少地听说过区块链有"去中心化"、公开透明、不可篡改的特征。简单地说，区块链本质上是一个分布式的公共账本，账本中的各个区块连成一个链条，链条上的每一个点都可以在上面"记账"。用一个通俗的例子来解释，在中心化时代，一个村庄里的记账业务由德高望重的老会计全权负责，而现在，每家每户每个人手中都有一本账本，每发生任意一笔交易，就用大喇叭向大家广播，使得所有的账本都会更新，整个系统内每个账本都保持一致，这样一来，任何节点单独篡改数据都将是无效的，所有的修改都可追溯，修改信息无法被篡改或隐瞒，这就是分布式账本去中心化带来的安全性。区块链去中心化、过程高效透明、成本低廉且安全性高的优势使得它在多个行业都有着革命性的作用，以金融行业为例，根据西班牙最大银行桑坦德发布的一份报告，如果 2020 年全世界的银行内部都使用区块链技术，每年将能够省下 200 亿美元的成本。

细心的读者可能会注意到，分布式看起来与云的概念似乎有点相似。那么这两者有什么关系呢？云计算属于分布式计算，是分布式计算的一种形式。这很好理解，回顾云的概念，它是由大规模服务器集群组成的共享资源池，集群就意味着计算、存储等任务被分配到了各台服务器。同样，云存储是分布式存储的一种形式。

1.1.4 数据怎么挖掘？ AI 研究什么

AI（Artificial Intelligence，AI），就是目前发展得如火如荼的人工智能，相关技术包括计算机视觉、语音识别、机器人、生物信息技术、自然语言处理等。人工智能，顾名思义，是一门研究如何让机器拥有人类智能的科学。它的三要素是数据、算力和算法，这是由于人工智能的根基在于机器学习，就像人在学习时反复练习、熟能生巧一样，机器也要通过不断地训练才能"学会""精通"。数据越丰富,训练得越成熟,越有利于提高机器的智能水平,结果越精准。因此,在算力和算法相当的情况下,数据就成了企业竞争的核心资源。准确、全面的数据训练出来的算法及它们的应用能够使机器拥有与人类相似的"智能",胜任那些原本需要人类完成的复杂工作。

我们还经常听说数据挖掘的概念。事实上,对数据进行挖掘、分析经常会用到人工智能的算法。常见的算法包括决策树、神经网络、随机森林、支持向量机、贝叶斯、遗传算法、贪婪算法等。

人工智能研究的细分领域主要包括计算机视觉、语音识别、自然语言处理和智能机器人技术。

计算机视觉研究的是机器如何能够像人一样"看见"并了解世界,主要通过利用算法对图像或视频进行分析处理,相关的技术包括图像处理、分类、模式识别、目标跟踪等,并最终实现对图像的理解。

语音识别解决的是如何让机器"听见""听懂"、理解人类意图的问题,它研究如何将各种语音信号转变为机器可以理解的符号,主要包括特征提取、模式匹配以及模型训练三个技术操作过程。

人工智能的另一重要研究领域是自然语言处理,研究的是如何使用人类的语言与机器进行"互动",它能够让计算机像人类一样对自然语言文本如人物、地点等关键词进行处理,实现不同语言的机器翻译。自然语言处理同样基于机器学习和深度学习的技术,主要的处理技术包括分词、词性识别、句法分析、情感分析,等等。

智能机器人一直是人类向往又有些忌惮的技术代表,我们希望它能像真正的人类一样提供各种服务,却也忌惮科幻电影中的情节真正发生,比如,智能机器人的算法会不会得出把人类赶尽杀绝,完全占领这个星球才是最优的结果。区别于现在已经很普及的工业机器人,只能按照程序设定一成不变地工作,智能机器人将被赋予和人类相似的感觉、认知、推理和判断能力,能够根据外在条件的变化自行修改程序,并可以通过学习(训练),总结修改程序的经验和准则,经过大量的计算做出最优决策。这一领域的关键技术包括各类传感器的研发、多传感器信息融合技术、人机接口技术、智能控制以及上文提及的视觉、语音识别,等等。因此,智能机器人是一个综合性的人工智能领域。

1.1.5 我们身边的应用

本节对与我们的生活最相近的应用层进行介绍。下表列出了在不同领域中具有代表性的大数据或信息技术的应用。下面,我们选取工业、教育、医疗、交通等具有代表性的几个领域来做具体介绍。

领域	代表性应用
工业	工业物联网、射频技术、机器人、智能控制、3D 打印
教育	移动学习、智能辅导、自适应学习系统、沉浸学习(VR 虚拟现实)
金融	数据挖掘、数据仓库、区块链、大众筹资、云计算
零售	网络支付、物流管理、个性化推荐、O2O、物联网
医疗	机器人手术、影像判断、疾病预测、健康管理助手
交通	自动驾驶、导航系统、道路规划、车牌追踪、事故监测与处理
娱乐	移动健身、电子游戏、体感游戏、智能乐器、直播

工业是物联网应用最重要的领域之一,利用物联网技术,企业能够实时掌握材料采购、库存、销售情况等信息,实现对供应链的精准管理。通过对工业生产线的参数采集,监测材料的消耗数量,利用大数据分析可以优化工艺,达到节省材料、提升产品质量的目的。依赖于 RFID 射频技术非接触式的自动识别功能,工业生产线得以高效地传递信息。工业也是一般机器人和初级智能机器人应用最广泛的领域,各类上料、分拣、组装机器人构成了自动化生产过程的基石。利用计算机视觉、传感器等技术,智能控制被用于实现整个生产线的自适应调整,如在工业生产线上对缺陷的自动监测、对残次品的自动挑拣等。

在教育领域,随着信息技术的发展和手机、平板电脑等移动终端的普及,移动学习已经成为教育领域不可或缺的学习方式,同时也使得智能辅导成了学生们的公共"助教"。利用自然语言处理和语音识别、生成功能,基于海量的数据和精准的算法,智能辅导能够提供包括针对作文在内的作业批改、智能语音答疑等功能。自适应学习系统一直是教育科技界的热点,它旨在通过实时互动自动提供适合不同学习者的帮助。根据学习者已有的经验和水平来推送有效的学习资源以及合适的学习路径。利用知识图谱,自适应学习系统能够构建起每个知识节点的对应题库。教研人员设计好初始题库后,机器学习算法将会不断对题库进行演化变形,最终形成理论上无限变化的题库,根据学生们答题的正确率,给出的题目会相应变难或变简单,或者改变所考查的重点知识点。最后,沉浸式学习是我们都比较熟悉的概念,利用 VR、AR 等技术,我们可以构建起虚拟互动场景,如让医学生身临其境般地体验手术的操作,或让学习者佩戴头盔进入拟真场景中,体验主题博物馆中展览的各种文化,并与学生们进行互动,这些都为学生们提供了更新颖、更高效的学习方式。

在医疗领域,手术机器人已经在外科领域中有了成功应用,知名的"达·芬奇"手术机器人在微创方面表现优异,全球"达·芬奇"手术机器人的数量在持续增加;国内自主研发的"妙手A"(McroHand A)系统甚至能将手术过程中的触觉传递给医生,医生只需根据实时大屏幕的三维图像进行遥控,就可以完成复杂的切除、缝合、打结等操作。在影像判断方面,图像识别可以精准辅助对超声、CT、X光、血管造影等图像的判断,经过大量的训练,手术机器人就成了经验丰富的"老医生",可以准确率极高地识别肿瘤形态等各种细节。在疾病预测方面,基因损伤是绝大多数肿瘤和遗传病的显著特征,将数据处理技术应用于基因测序和检测,精确、快速地完成相关数据分析,能够大幅提高疾病发生的预测准确率。此外,结合各类智能可穿戴设备的健康管理类软件可以实时监测我们的心率、血压等生理参数,并建立起自己的健康档案,通过预防有效降低疾病风险。

技术改变着我们生活的方方面面,在众多领域都有着重要的应用,如交通领域的车牌识别追踪、汽车自动驾驶识别路障等,由于篇幅限制,这里暂不展开介绍,读者可以在本书的后面章节找到更具体的内容。

1.2 你知道技术是如何认识世界的吗

有一种方式可以帮助我们更好地理解新一代数据和信息技术,那就是用我们自己去类比。事实上,人和技术认识世界的路径是一样的，都是从感知到认知再到决策。你走在街上，看见一个熟人，你看到了他的外貌特征，这就是视觉的感知；凭借他的外貌特征，你意识到他是你的朋友，这就是你的认知；你兴冲冲地上前准备打招呼，这就是你的决策。走近一看，发现认错人了，这次的"一看"仍然是感知，并让你的认知发生了改变，啊原来不是我朋友，现在你需要做的决策就是如何应对对方疑惑的眼神。这就是一个简单的认识世界、发生交互的过程。生活中的每一项活动，小到挑选水果，大到寻找合适的终身伴侣，都是遵照这一模式进行的，只是后者要更加复杂。而机器也是如此，本章将从这3层出发，分不同层面来介绍技术如何认知世界，以及技术主要解决什么样的问题。

1.2.1 感知：看到、听到、触摸到

感知是意识对内外界信息的觉察、感觉或注意，简单地说，就是我们用五官进行初步的感觉。目前，技术在模拟视觉、听觉和触觉方面都有了长足的进步，在这些方面，机器可以像人类一样去感知世界，从而带来了各种实际的应用。下面将进行具体介绍。

- 看到

借助计算机视觉的技术，机器可以将采集到的图像进行分割、处理，并用基于大量训练得到的算法去识别图像。在这一领域，图像识别和视频识别的技术已经非常广泛地应用到了我们的日常生活中。

图像识别主要解决的是静态图片的识别问题。购物时上传图片实现智能识别商品，支付时的人脸识别，进入管制场所时的人脸门禁或指纹门禁……这些都是图像识别的应用。随着技术的发展和成

熟，图像识别被应用于越来越多的细分领域：手写字体识别精准度的提高使得自动阅卷系统的广泛应用成为可能，大大减轻了教师的试卷批阅压力，并为考试的保密性和公平性提供了进一步的保障；在智能搜图方面，借助更强大的技术，图像识别被应用于服饰品牌识别、景点识别、材料数目清点、活体检测等更多场景；在医疗领域，智能医学影像识别被应用在放射线成像、放疗前的靶向区域定位、CT三维重建、AI病理读片等众多场景；在安防刑侦方面，利用智能图像分析技术，将追踪目标从背景场景中提取分离，进行特征提取分析并实现自动追踪。

香港歌手张学友近年来又多了一个与他的演艺职涯毫不相干的称号——逃犯克星。近几年来，他的每一场演唱会上几乎都有逃犯落网，多的甚至一场就达到9名，据初步统计共有55名逃犯在他的演唱会现场落网，高居"歌星抓逃榜"的榜首。这其实是完善的公安数据库、大数据技术以及先进的人脸识别技术共同的成果。人脸识别是图像识别应用中最重要的方向之一，随着技术的进步，更优的算法为人脸识别带来了新的突破。以神经网络技术为例，早在20世纪50年代，数字神经网络就被发明了出来，但计算机科学家花费了数十年来研究如何驾驭神经元之间百万乃至亿级庞大到如天文数字一般的组合关系。2006年，科学家对方法进行了改进，并将其称为"深度学习"。现在的人脸识别技术可以轻松识别出同卵四胞胎，深瞳摄像机则可以在50米外精准识别人群中的目标，适用于车站、广场、商场等人群聚集的场地。

- 听到

要让机器"听到"人类的语言，并为下一步的"听懂"做准备，需要应用一系列语音处理相关的技术，包括语音信号的处理、语音增强、语音合成、语音编码、语音转换等。这些技术以及机器学习的方法构成了语音理解和语音识别的基础，进而形成了综合性的智能语音技术。

语音信号处理技术是 19 世纪中叶就开始发展的一门技术。随着大规模集成电路，特别是数字信号电路的应用，计算机的运算速度和精度都得到了大幅度提高，成本也更加低廉，语音信号处理技术得到了迅速发展。进入当代，结合人工智能、机器学习的技术，语音处理技术有了更大的进步，例如更加精准的语音转文字技术，多人语音识别技术（在有多人同时说话时精准识别目标人的语音），压缩语音的恢复合成技术等。

语音技术的一个重要特点就是和具体的语言种类紧密相关。日本的企业首先生产出了由语音控制的打字机，这很大程度上是与日语本身音节数量较少的特点有关的，而要生产一台由英语或法语控制的打字机就要困难得多，因为英语、法语往往由数千上万的音节组成。在我国，在方言和普通话之间建立起映射关系，可以逐步解决方言的语音处理问题。

语音处理技术被广泛应用在众多场景。在工业领域，生产线的自动化离不开文字转语音以及语音合成的技术，通过读出仪器仪表的测量数据，生产线就可以自动监测并给出故障警告。近年来，金融领域也开始将说话人身份识别的技术应用到业务中，实现根据用户语音自动存取款。可以预见，随着语音处理技术的进一步成熟和发展，它将在更多场景得到应用。

语音处理技术更有前景的应用在于和语音识别、分析以及理解技术的结合，通过对语音信号处理，可以使机器"听见"声音，而机器学习、人工智能的方法可以实现对说话者的身份辨认以及对词语和语句的自动理解，实现人机对话，真正让机器"听懂"人类的语言。

- **感觉到**

触觉是另一种对人类来说至关重要的感觉。要让机器人拥有人类的触觉，可嵌入材料、触觉传感器，以及用于处理、控制的算法等技术缺一不可。

人类的手掌之所以灵活，其重要原因之一就是能够在不同情况下使用不同大小的力道，并且往往并不需要提前知道目标物体的大致重量级，而是在拿起物体的一瞬间根据实际感受到的重量去调整。现在，瑞士洛桑联邦理工学院研发的机械手 gripper 也可以做到这一点，它由两瓣柔软的橡胶皮瓣组成，当接通电流时，皮瓣上的电极会制造出强大的电场，皮瓣则会带上相反电荷，向内弯曲，被吸附到目标物体上，利用静电吸附原理来牢牢抓住物品。这样一来，gripper 既能温柔地拿起一枚完整的生鸡蛋，或是一张薄薄的纸，也能够有力地抓起自身重量 80 倍的物体。

要想得到一个像人一样拥有全身触觉的高级仿真机器人，而不仅仅是智能的机械手或夹具一类的工具，就需要成熟仿生智能皮肤研发技术。然而，由于量化触觉不仅需要精确传感器所受的外力大小，还需要明确力的具体方向、角度等信息，因此机器人的一小片能够感知压力的拟人皮肤里，往往就需要数百上千个微小的触觉传感器，这无疑是一项具有挑战性的任务。举例来说，一款与人工智能相结合的触觉手套上就装配有 548 个传感器，这些均匀分布的传感器可以识别目标物体，估计其重量，并在抓住它们时给出触觉反馈。此外，防水也是一个亟待解决的难题，几乎所有采用电子元件的触觉技术在遇水时效果都不佳。

机器触觉巨大的潜在应用价值体现在各个行业。让手术机器人具备一定的触觉无疑可以进一步提高手术的精准度。在康复医疗领域，智能皮肤则可以为康复中的患者提供触觉反馈，还可以赋予义肢基本的触觉感应能力。主攻机器人触觉研究的科技企业"IHS智触"所研发的智能消化内镜手术培训机器人，可以让医学生在VR虚拟的病人消化系统内进行模拟手术。设备使用了机器人触觉、AI、VR、AR等多种技术，让消化道手术培训更加真实，在提升培训效果的同时极大节省了培训成本。机器触觉在人形机器人研发、工业生产线、危险环境勘测包括太空勘测领域都有着重要应用，太空机器人已经广泛应用在人类一次次的太空探索中。

1.2.2 如何解读我们感知到的

被我们感知到的外界一系列信息，会被传递给我们认知器官——神经节和神经中枢，让我们留下不同的印象或者产生各种想法。认知器官就像每个人独有的一条生产线，感知到的信息是生产线的输入，认知则是它的输出。输入不同，每个人体内的"生产线"不同，最终制造出来的认知也会有所不同。在奥林匹克运动会赛场上响起《义勇军进行曲》，外国人听到可能的反应是这只是一首歌曲，或者包含了"中国运动员是冠军"这样一层意义，而对于中国人来说听到这首歌曲则会产生一种自豪感，这就是同样的声音信号经过不同人的大脑加工后得到的不同认知。

机器模仿人类认知能力的技术主要包括知识图谱、自然语言处理、文本挖掘、大规模知识处理等。在感知的基础之上，认知的应用加上了语义的理解和分析，如语义搜索、客服系统、智能问答机器人等。下面简单介绍知识图谱、智能客服的应用。

- **知识图谱**

知识图谱是包含了海量的数据的超级知识库，其特殊之处在于，有别于传统的关系型、内存型、文档型等数据库，知识图谱是按照知识之间的关联强度进行存储的，这非常类似于人脑储存知识的方式。人脑根据概念与概念之间的关系强度来组织知识，且由于经历、学识、思维方式等的差异，每个人的知识组织体系是不一样的，比如提到大数据，一个程序员可能第一时间会想到数据仓库，一名学生可能认为与其联系最强的概念是统计分析，而在一名平台用户脑海中的第一联想则可能是隐私保护。

下图所示就是一个有关汽车的简单知识图谱，当人们想到汽车时，由于各人的知识组织体系不同，存在着很多种第一联想。你可能最先联想到汽车的品牌，是国产还是德系，再进一步联想到是奔驰还是保时捷，联想到车的结构，或者是车的能源类别。

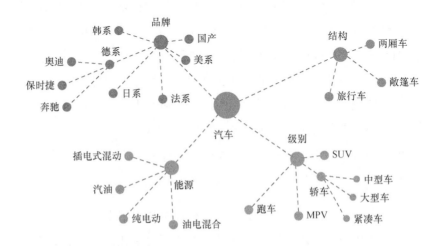

知识图谱在存储和查询方面都存在着独特的优势。在存储方面，知识图谱所使用的图数据库比关系型数据库有更灵活的设计模式，不需要提前确定所有概念类型和关系，因此后续改动比关系型数据库要方便很多。在查询方面，由于形成了多对多相连的知识网络，概念与概念之间的关系查询会更加便捷，查询效率比传统型数据库更高。

知识图谱最广泛的应用莫过于语义搜索。相比传统的搜索，它会首先解析用户输入的问句，识别问句中的实体以及这些实体之间的关系，从而理解用户问句的含义，然后利用知识图谱的关系网络进行匹配查询，给出答案。当我们搜索"中国的首都"时，得到的第一条结果就是北京市的简介，而不是标题中包含"中国的首都"的各类网页，这说明搜索引擎确实理解了我们的搜索意图，直接给出了我们想要的答案。可以说，传统搜索得到的是信息，而语义搜索得到的是"知识"。知识图谱大大提高了搜索效率，可以预见，未来的检索将会更多地基于知识图谱的结构。知识图谱还被广泛应用在智能问答系统中，它可以被视为语义搜索的延伸，只是在回答的同时不仅依靠知识库搜索，还要考虑已有的聊天内容。网络上曾流传的一则江西省图书馆两个机器人用方言吵架的视频逗乐了不少人，一个机器人觉得对方不温柔，"看你小嘴叭叭的"，另一个则说"我怎么感觉你好像要吃了我似的"。智能问答机器人依赖的是开放领域的知识图谱，知识图谱提供的知识非常丰富，能够为用户解答日常问题，也能进行聊天式的对话。

公安、金融、法律、电商、医疗、智能家居等各个领域都可以形成各自专业的知识图谱，应用在决策系统、推荐系统、智能问答等实际场景中。具体行业的知识图谱提供该行业的专业知识，能够为用户有针对性的专业服务。

- **客服系统**

在网络时代，我们几乎都有和客服系统打交道的各种经历，从拨打10086时"话费查询请按1"的简单分类客服，到可以根据提问内容进行具体回答的智能客服系统，各类客服系统大大简化了服务流程，帮助节省了大量人力，而且越智能的客服系统，需要的人工处理越少。

要让机器通过用户的输入理解用户的意图，并且给出相应的回答，这其中会用到很多自然语言理解以及知识处理的技术，包括智能分词、模糊推理、多层次语言分析、知识管理等。由于用户往往并非专业人员，他们只能用各种非专业术语来描述自己的问题，模糊分析技术就能够处理模糊表述，识别用户意图，从而给出用户可能需要的答案。应用机器学习技术，智能客服系统还能够实现业务拓展性，通过从已有的问答中进行学习和经验总结，不断丰富自己的业务知识，积累更多问题以及它们的不同问法，并添加到知识库中，以便后续解决更复杂的问题。如果加以用户的访问途径监测，智能客服还可以提前判断用户的访问意图，直接提供给客户他们可能存在的问题选项，用户就可以根据提示一步步解决问题。

1.2.3 决策：如何权衡利弊

我们感知到信息，并形成了自己的认知之后，下一步就是决定要怎么做。从今天早晨吃什么，到图书馆如何选址，再到决定某一届奥运会在哪里举办，生活中大大小小的事情都离不开决策，随着问题复杂性的提升，决策也变得愈加困难。进入信息时代以来，用机器辅助决策已经成为常态,不少传统的决策难题得到了有效的解决。

- **智能选址**

智能决策能够高效地帮助选择仓库、实体店的选址,腾讯、阿里等企业都推出了自己的大数据选址平台。通过对地理信息的充分采集(大多是依托于地图导航系统),智能选址系统掌握有各个地区的客流量以及备选地址位置的辐射范围,并能够采集各备选位置已有店铺的情况,能综合分析某个地址的优缺点。比如对于一家日式料理店,理想的选址位置应该位于尚没有日料店入驻的美食商圈。

利用采集到的数据,很多智能选址平台还能够额外提供配套的增值服务,例如通过对附近人群画像,为商家的营销推广活动提出可行建议,或是结合对区域的综合分析,为连锁商家提供调整、合并分店的策略。智能选址为选址问题提供了高效精准的解决方案,节省了传统选址时要做的大量调研工作,同时大大提高了选址的合理性。不仅是商铺选址,政府也可以利用这套智能技术来为医院、学校、体育场等公共场所的建设选定最合适的地址,使服务范围覆盖尽可能多的居民。

- **预测→决策**

AI能够辅助决策的一个重要功能在于预测,在收集大量历史数据的基础上,AI经过反复的训练和学习,就能够给出对还未发生数据或行为的预测。

就像人类的大脑需要不断运转和刺激一样,每一种智能系统也都需要被训练。即使是设计优秀的国际象棋人工智能,也得在至少对弈无数局之后才能有良好表现。人工智能获得突破的部分原因在于,来自全球的海量数据,可以给人工智能提供其所需的训练。而互联网技术及其应用模式的快速发展在改变人们生活方式的同时,也产生了海量的数据资源。

对数据的预测,例如,根据往年消耗的燃气量,结合今年的气温数据,就可以大致预测今年需要的燃气量。当然,要提高预测的精准度,需要用到更复杂的机器学习技术。另一个常见的应用是销售额的预测,企业根据以往的销售情况建立合适的销售预测模型,就可以自动预测未来销量,从而只需考虑是否调整销售计划即可。

对行为的预测则更复杂一些。例如,在营销领域,依据用户的特征信息(性别、收入情况、历史购买偏好等)预测最终的购买行为(是否购买了该品牌的产品),向购买可能性高的用户投放广告,进行重点营销,从而提高销售转化率。在金融业也是如此,银行会根据储户的个人信息、存款记录来推荐不同的理财产品。

- **更多领域,更多场景**

与感知、认知一样,机器决策同样在众多领域有着重要应用,并被不断应用于更多的各种细分场景。

在金融领域,财务机器人和智能投资顾问机器人被用于解决投资融资决策和资金配置优化的问题,虽然目前其决策能力尚低于专业人士的平均能力,但随着深度学习技术的进一步应用和金融数据的积累,智能理财机器人的决策能力将进一步提升。在司法领域,辅助裁判等智能法律工具的引入为提高司法效率提供了支持。司法辅助裁判模型是"法律逻辑+诉讼法哲学+人工智能"的结合,利用技术的客观性，人工智能参与司法决策能够有效推进"同案同判"的实现。

在医疗领域，智能决策被应用于急诊分诊、转诊、手术方案选择等细节场景：通过智能系统辅助评分，将分诊病人进行分类，尤其是可以预测需要进行级别调整、需要进行重症监护和紧急救治的重症病人，从而更好地分配医疗资源，不耽误救治；根据床位数、使用率、疾病治愈率、转诊目标医院距离、治疗费用等因素建立评估模型，辅助进行转诊的决策；收集以往的手术方案及效果数据，并与病人个人病情进行匹配，训练出能够辅助做出手术方案决策的模型。

在交通领域，机场、车站的客流疏导，城市交通的智能调度，景区运营车辆的调度管理，以及自动驾驶汽车在遇到堵车时的路线规划、遇到路障时的躲避反应，等等，都离不开智能决策系统。

商业智能（Business Intelligence，BI）是机器决策的另一重要应用领域。1989年，霍华德·德莱斯纳（Howard Dresner）将商业智能描述为"使用基于事实的决策支持系统，来改善业务决策的一套理论与方法"。它是将企业中现有的数据转化为知识，帮助企业做出明智的业务经营决策的工具。这里所谈的数据包括来自企业的订单、库存、交易账目、客户、供应商和竞争对手的数据，以及来自企业所处的外部环境中的其他各种数据。商业智能辅助的业务经营决策，既可以是具体执行层面的，也可以是战术层面和战略层面的。为了将数据转化为知识，需要利用数据仓库、联机分析处理（OLAP）工具和数据挖掘等技术。商业智能的关键是从许多来自不同的企业运作系统的数据中提取出有用的数据并进行清理，以保证数据的正确性，然后经过抽取（Extraction）、转换（Transformation）和装载（Load），合并到一个企业级的数据仓库里，从而得到企业数据的一个全局视图，在此基础上利用查询和分析工具、数据挖掘工具、OLAP 工具等进行分析和处理（这时信息变为辅助决策的知识），最后将知识呈现给决策者。

智能决策还被应用于城市规划。在收集传统数据（如人口普查数据）、开放数据（如房屋交易信息、交通情况）以及位置服务数据（如手机定位、出租车轨迹）的基础上，利用空间均衡模型、生成对抗网络等技术进行城市规划设计。在智能家居系统中，传感器感知到环境信息之后，家居系统就需要进行分析和决策，并生成具体的操作命令。例如智能监控识别到可疑人员进入，并做出可疑举动（翻找、破坏等）时，就会做出报警的决策。

虽然人工智能通过自我学习、经过海量的数据训练之后，能够基于数据得出比较精准的决策，但是从人类的视角来看，其结果可能还是不够成熟。比如在手术方案的选择上，也许尽管从数据上看开放式手术对病情效果最好，手术费用也最低，但是考虑到疤痕美观性或对一些特定职业的影响，也许病人最终还是选择腔镜式的手术。就自动驾驶而言，发生车祸难以定责也是其迟迟没有得到推广普及的重要原因之一，因此，我们更多地强调人工智能辅助决策的功能，最终决策可能还是要靠我们自己。

第 2 章

生活：更值得期待的世界

2.1 购物

技术的发展使得人们的购物方式发生了翻天覆地的变化，从传统的线下购物为主，到线上购物成为常态，再到"新零售"所提倡的线上线下购物结合，其间包括网络传输、软件开发、网站设计、人工智能、AR/VR 在内的各类信息技术发挥着不可或缺的作用，构成了智慧物流、个性化推荐、个性化定价等重要应用的基础。同时，大数据改变甚至重塑了企业与消费者的行为。其中最明显的特征莫过于，消费者的一切行为在企业面前似乎都是"可见"的。随着大数据技术的深入研究与应用，企业的专注点日益聚焦于如何利用大数据实施精准营销、个性化服务等，进而深入挖掘潜在的商业价值。

按照购物一般会经历的"广告—挑选—支付"流程，本章分三个小节，分别介绍广告、商品的个性化推荐以及个性化定价的应用。

2.1.1 AI 似乎比你更了解你自己想看什么

回想一下，在线上购物经历中，你有没有产生过这样一些疑问：为什么我在购物网站上浏览过的裤子会出现在我的今日头条广告推荐里；为什么在手机端挑选的背包，打开台式机的浏览器也会看到同款的广告；为什么刚在短视频 App 看了帝王蟹吃播集锦，打开外卖平台就看到各类生鲜产品的推荐。总而言之，我们以各种方式关注过的东西，很快就以广告的形式出现在各种平台或 App 中。

要解答这些问题，我们先来了解一些关于网络广告的常见知识。依据平台或 App 的计费方式，网络广告可以分为 PPC（Pay-per-Click，根据点击广告的用户数量计费）广告、CPC（Cost-per-Click，每点击一次计费）广告、CPM（Cost per mille，广告每显示1000次计费）广告等。注意它们的区别，如果同一个用户点击了某条广告10次，PPC只收一名用户的价格，CPC则要收取10次点击的价格；如果只浏览不点击，PPC和CPC都是不收费的，CPM则不然。我们很自然地会产生一些疑问，如果有竞争对手恶意刷广告次数怎么办？如何保证广告的实际转化率呢？对于投放广告的商家来说，往往需要谨慎选择广告投放方式，才能在有营销效果的同时，尽可能地节省成本。但即使如此，商家在广告开支方面的浪费还是较多的。

RTB（Real Time Bidding，实时竞价）广告是一种使用新型收费方式的网络广告，同时也是一种精准营销的手段，它能够极大地提升广告投放的整体效果，为商家降低营销成本，减少浪费。利用RTB相关技术，某个用户在全网范围内只要浏览过某种商品，或点击过某种商品类别的广告后，浏览痕迹都会通过cookie（用来存储用户行为信息的文件）记录在案，在用户许可的情况下，这份记录将供广告交易平台使用。广告投放方在广告交易平台中先支付一个门槛价，当由cookie记录的浏览行为产生后（我们称之为产生了流量），与其他广告投放方一起对该流量出价，广告交易平台收到各广告投放方的出价后，进行比价，出价高者获得该流量。在实际操作中，广告投放方的竞价行为是完全程序化、自动化的，整个过程会在100毫秒内全部完成。

用我们的问题来举例。当使用淘宝搜索、浏览信息时，发现了一条看上去挺不错的裤子，于是点进去看看细节，此时我们这个cookie ID的本次点击行为就被收集了，放在广告交易平台上，同样，过一会儿去浏览今日头条，我们的 cookie ID 也是被记录的。如果这个卖裤子的商家同时也在今日头条里买广告位做广告，通过 cookie ID 记录的信息他就会知道我们看过这条裤子，于是就会出高价竞拍到这个广告位，从而在今日头条里给我们展示这条裤子，以期提高销售率。这个过程也叫 retargeting，即重定向广告或精准营销广告，是 RTB 广告领域常用的技术之一。

传统的互联网广告基本按点击或展示次数来收费，商家拍下广告位后，每个用户看到的都是完全一样的广告，有了 RTB 技术，每一个人看到的广告都不一样。RTB 相关技术的不断进步使得广告投放者依靠系统自身便能实现更精准的营销，让投放的广告更有价值，而不是像过去那样白白浪费浏览量。

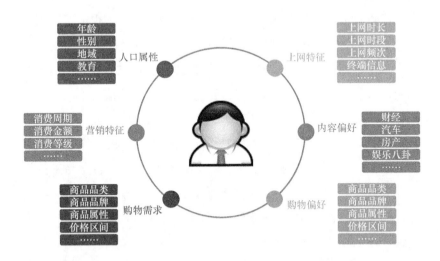

此外，有些平台还会进行用户数据的共享，基于每一个浏览器 cookie ID 的浏览记录，系统会给用户打上一些标签，分析他是学生还是上班族，是新手爸妈还是熟练的"铲屎官"，从而决定给

用户推荐什么内容。这些标签形成了每个用户独有的"用户画像",它是对现实世界中用户信息与行为的数学建模,是企业通过收集与分析用户的社会属性、生活习惯、消费行为等主要信息的数据之后,完美地描述的用户的商业介值全貌,也是企业应用大数据技术的基本方式。

回到我们的问题,现在我们知道,我们能看到这些广告是 RTB 广告精准营销和平台数据共享的结果。至于为什么手机端挑选的背包,打开电脑端浏览器也会看到同款的广告则很好理解。以京东为例,只要手机端的京东商城和电脑端的京东购物网站使用同一个账号登录,数据就是共通的,既然是使用同一个账号,手机上看的东西,电脑端自然也会推荐。

实施精准化营销可以帮助企业更好地满足消费者的需求,赢得更多的消费者和更高的品牌忠诚度,可以有效地降低营销成本,提升营销效果。另一方面,不少消费者也需要企业的精准营销帮助他们做出选择。就像心理学家巴里·施瓦茨(Barry Schwartz)在他的《选择的悖论》(The Paradox of Choice)一书中所说:过多的选择和无限的可能性并不会让人们感到轻松和自在。过多的选项实际上会大大增加人们的压力和焦虑。宝洁(P&G)公司将货架上摆放的海飞丝产品类别减少 5 个后,该品牌销售额反而提高了 10%。减少选择的范围可以增加销量,同时提高产品销售的转化率。这一结论也与心理学家所揭示的消费者行为以及网络营销人员此前所做的深度精准化尝试相吻合。

读到这里,相信很多读者会开始担心自己的隐私问题:各种网站、软件收集了这么多我们的个人信息,会不会有些危险?万一数据泄露甚至被卖给非法组织进行诈骗怎么办？数据安全性诚然是大数据时代最重要也是最严峻的问题之一，但安全状况一直在改善，国家在保护公民个人隐私的法律政策方面已经进行了完善，2021年9月1日起正式实施的《中华人民共和国数据安全法》和2021年11月1日起实施的《个人信息保护法》专门规定了关于保护信息主体合法权益，促进大数据合法利用的相关事宜，各平台、App、网站经营者都必须严格遵守相关条款，你完全可以在用户条例里选择是否共享自己的数据、共享哪些数据。

当然，过于谨慎地保护数据、完全不让企业使用，未免有些因噎废食。欧洲拥有全世界最严格的隐私保护法，但同时也是互联网应用、网络经济发展相对落后的地区。没有足够的数据来训练算法，精准的个性化推荐也只能是空谈，在欧洲，RTB在几乎没有发展的空间，因为依照当地的法律要求，用个人数据做精准营销成本太高，操作起来太困难了。

2.1.2　AI似乎比你更了解你自己想买什么

"为你推荐""猜你喜欢""相似商品""浏览该商品的用户也浏览了……"，这些经常在购物平台出现的文字表明，随着线上购物的全面普及，个性化推荐系统不再是新鲜的概念。但是如果让你给身边的购物推荐系统打分，你会打多少分？它是否次次都为你推荐了满意的商品，让你在购物过程中欲罢不能？还是它只会胡乱推荐，给你带来各种困扰？AI真的比你自己更了解你想买什么吗？

很多人在很多平台拥有独立的第三方账号（如微信号、电子邮箱账号），当掌握了不同用户的客户特征、偏好和需求后，平台就可以针对这些要素进行个性化的推荐，这样不仅能够降低营销成本，提高转化率，更能避免用户产生反感情绪，从而营造良好的客户体验和塑造更好的品牌形象。维克托·迈尔-舍恩伯格在《大数据时代》中认为，大数据的核心就是预测。借助cookies的跟踪和庞大的数据库存储大量的用户信息，运用大数据技术搜集、分析用户在网上的"踪迹"，精准地发现目标消费者及其消费习惯，就可以预测消费者行为。

个性化推荐是指服务器根据用户的以往的行为轨迹和偏好，为用户推荐可能感兴趣的内容或者可能会购买的商品。其原理是根据用户模型寻找与其匹配的信息，或者寻找具有相近兴趣的用户群然后相互推荐其感兴趣的信息，甚至还依据资源间的相似性为用户推荐。目前流行的推荐系统基本上通过三种方式联系用户兴趣和物品。第一种方式是通过用户喜欢过的物品：可以给用户推荐与他喜欢过的物品相似的物品，这就是基于物品的算法（item-based）。第二种方式是通过和用户兴趣相似的其他用户：可以给用户推荐那些和他们兴趣爱好相似的其他用户喜欢的物品，这也是前面提到的基于用户的算法（user-based）。除了这两种方法，第三种也是最重要的方式是通过一些特征（feature）联系用户和物品，可以给用户推荐那些具备用户喜欢的特征的物品。

推荐系统20世纪90年代被提出，直到近几年才在各大互联网公司中流行，并进入大众视野。随着各式各样的信息涌向消费者，用户对非关联信息的容忍度与日俱减，信息的"爆炸"也让用户甄别信息的负担与日俱增。数据显示，推荐系统给亚马逊带来的销售收入占了近35%，给Netflix带来的消费占75%，而Youtube主页上 60% 的浏览来自推荐服务。

本节将介绍个性化推荐系统在商品推荐领域的应用，分 3 部分介绍购物推荐系统的发展，尤其是大数据时代下，个性化推荐是怎样飞速发展的，又产生了哪些应用。

- 经典的"啤酒与尿片"

20 世纪 90 年代，全球零售巨头美国沃尔玛超市在对消费者购物行为进行分析时，发现了一个奇特的现象：在许多消费者的购物篮中，"啤酒"与"尿片"这两件似乎毫无关系的商品经常会同时被卖出，且这种现象多出现在年轻的男性顾客身上。这引起了营销人员的注意。他们经过一系列后续调查，发现这些男性顾客大多数有一个共同的身份——新生儿的父亲，这就给出了解释：当母亲在家中照顾婴儿时，外出购买尿片的任务就落在了这些新手父亲肩上，而他们在选购尿片时，就会顺便购买几瓶啤酒来犒劳自己。试想一下，如果一家超市使得这些父亲很难在完成任务的同时又满足口腹之欲，那么他们很有可能会放弃这家超市而去另一家。于是，沃尔玛采取了相应的销售策略，比如将啤酒和尿布摆放在相邻区域、进行捆绑促销等，结果自然是啤酒和尿布的销量都大幅增加。

事实上，"啤酒与尿片"的故事有多个版本，故事起初也并不就发生在沃尔玛，而是在某个不知名的小超市，但权威杂志和众多学者最终把它归入沃尔玛的传说，其中最重要的原因在于沃尔玛本身具有强大的技术能力，它能够通过 POS 机采集购物篮数据，并应用商品关联背后的算法进行分析，获得了成功。

"啤酒与尿片"是数据挖掘应用领域最为经典的案例之一，

二十多年来被人津津乐道。它是通过购物篮分析（Market Basket Analysis）研究顾客购买行为的代表，也是基础和初级的大数据与AI应用。随着技术的发展，个性化推荐不仅可以做出这些基本的营销决策，更能够从每一位顾客的需求出发，实现千人千面的推荐策略。

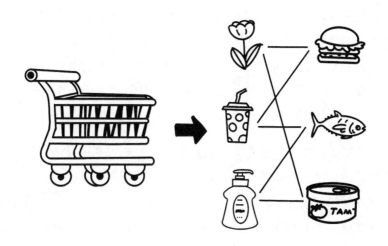

- "惊喜度"的提升

2012年的一天，美国塔吉特（Target）百货的一家连锁店迎来了一名怒气冲冲的顾客：你们竟然给我17岁的高中生女儿邮寄"恭祝您顺利生产"的direct mail（快讯商品广告，一般缩写为DM），还附带着婴儿车和尿片的优惠券，这难道是在鼓励她尽早怀孕吗？分店经理只好向投诉者道歉，但是这位顾客并不知道，这是Target顾客数据分析部高级经理Andrew Pole根据顾客的消费大数据，构建出的预测模型所确认的结果，该模型会在孕妇妊娠期第2个月就把她们确认出来。果然，一个月后，这位顾客前来道歉，他发现自己的女儿的确怀孕了。也就是说，通过对大数据的分析，推荐系统比这位父亲知道自己女儿怀孕足足要早了一个月。

惊喜度（serendipity），即个性化推荐系统让人感到惊喜的程度，是评估个性化推荐系统推荐水平的重要指标之一。如果推荐结果和用户的历史兴趣不相似甚至几乎完全不相关，同时却能让用户觉得满意，那么惊喜度就很高。Target 的数据分析师并不是根据这位女儿之前浏览过孕妇相关的用品做出预测，而是从众多孕妇的消费数据中提取特征，从而进行预判。例如，孕妇会开始购买大包装的无香味护手霜，并在怀孕的前 20 周大量购买补充钙、镁、锌之类的保健品，等等。当然，这个例子中对父亲来说更多的是"惊吓"而非"惊喜"。

相对于传统的精准度、多样性与新颖性，惊喜度是新兴的推荐系统评价标准，也是增加用户黏性，真正留住用户的利器，因而成为推荐领域的又一个热点。就具体实现而言，传统的基于内容过滤算法存在过于专门化的问题，只能向用户推荐与曾经喜欢过的商品相类似的产品，往往不能给客户带来新的惊喜；此外，基于用户偏好的推荐算法都具有一定滞后性，如果用户偏好改变，推荐结果的改变会需要一段时间。比如，当一个用户因为某些原因从"果粉"（苹果品牌的"粉丝"）变成了"花粉"（华为品牌的"粉丝"），相当一段时间内他仍然会收到关于苹果系列产品的推荐。

在已有的算法中加入惊喜因子、进行相应的加权处理是提升推荐系统惊喜度的主要方法之一，比如将用户对被推荐项的熟悉程度转化为距离来衡量惊喜度，再加权应用到传统的计算公式中；从用户的显式兴趣度和潜在满意度两个方面定义惊喜度的表达式，并结合神经网络模型实现推荐系统等。随着技术的发展，比如将推荐算法与深度学习算法、知识图谱的图计算方法相结合,未来惊喜度的提升将会有更广阔的前景。

- "千人千面"的时代

进入到 21 世纪,大数据分析和 AI 技术的进步使得购物篮分析等相对传统的营销方法如虎添翼。根据购买、点击甚至浏览行为给出"千人千面"的个性化推荐已经成为家常便饭。

人们越来越习惯网购,可供采集的数据也就越来越丰富。就线上购物而言,你的每一次浏览、每一次点击商品展示界面、每一次加入购物车,都给购物平台提供了相关的数据。根据你的浏览情况,AI 系统可以判断你正处于逛、选、比、买的哪个阶段,并在不同阶段采取不同的推荐策略。比如,摄影初学者要选购一款相机,现在后台监测到他正在佳能、富士、索尼、尼康等品牌的商品间来回浏览,那么不难看出他正处于"逛"的早期购物阶段,此时应该推荐外观酷炫、比较吸引人的产品;而如果网站发现他的浏览记录锁定在了佳能品牌下,正在做不同型号的选择,说明他已经进入了"比"和"选"的阶段,则应该推性价比更高的商品;当顾客停留在购物车界面时,为了促使他尽快结账,网站往往就会推荐一些性价比明显不如顾客已经选中的这款的商品。

线下购物也是如此,随着越来越多的品牌推出自己的智慧门店,更多的线下 AI 设备可以快速采集顾客的各种数据。你可以在梅西百货与 AI 机器人聊天,查看想要购买的商品是否有存货,或者获取它们的位置信息,机器人甚至还可以采集你的情绪数据,检测你是否感到失望或沮丧,以决定是否提醒商场员工前来帮助。丝芙兰(Sephora)门店的高科技仪器 Color IQ 和 Lip IQ 则可以通过扫描顾客的面部和唇部,判断肤色、唇色以及皮肤状态,以便个性化地推荐粉底、遮瑕膏、口红等产品,真正做到"千人千面"。

购物的个性化推荐在向着更深入的层次发展,不仅仅是停留在简单的商品层面,而是升级到了服务的层面;不单是简单地推荐你可能喜爱的产品,而是让你拥有自己专属的服装搭配师、健身私教或家庭教师。依托更先进的算法,更多的智能推荐应用在生活的各个方面为人们提供便利。英国时装公司 Thread 的顾客,只需上传几张照片并填写一张问卷,就可以得到专属自己的服装搭配推荐。Thread 的 AI 系统具有高达 3.7 万亿种搭配的组合数据库。顾客可以对收到的搭配推荐进行打分,随着用户购买数量和评分的增多,其基于机器学习的推荐算法也会越来越精准。在早教领域,芝麻街发布了一款基于 AI 的个性化词汇学习应用程序,可以使用精准的评估算法为学龄前儿童确定其词汇范围,然后提供符合其特点的学习方案。可以预见,未来的购买体验和服务会越来越个性化和私人化,每个人的体验、得到的服务和产品都将是不同的。

2.1.3 等一下,为什么我们的价格不一样

在我们多年的购物经历中,早就习惯了薄利多销、多买多优惠的规则。进入网购时代,各种购物软件上令人眼花缭乱的优惠活动及其背后的定价规则难免令人费解,尤其是"双 11"这样的大型购物节前后,为了凑出完美的省钱方案得费好一番工夫。我们可以理解团购比单买便宜、会员比普通用户享受优惠这样理所应当的定价规则,但是如果你比较细心,往往会发现一些不能理解的情况。为什么使用打车软件次数越多,收费却往往越高了?为什么常点的那家外卖的价格越来越贵?为什么和朋友打开同款跑腿买菜软件,

同一家店他的跑腿费却比作为老会员的我便宜？

你还相信这只是一种巧合吗？

个性化定价并不是个新鲜的概念，相信不少人一定知道"价格歧视"这个词，即按照不同的价格来销售同一款产品的做法。价格歧视通常分三级，其中一级价格歧视是指对每个消费者都按其所能接受的最高价格来出售，以期达到利益最大化；二级价格歧视是数量歧视，即生活中多买多优惠的形式；三级价格歧视则是指销售价格因人而异，如对老年人、大学生、退伍军人打折、免费等。二级和三级价格歧视在生活中都很常见，而一级价格歧视是最难实现的，因为事实上商家往往并不能获知你个人的支付意愿，可能你是长途跋涉的人，正口渴，现在愿意为一瓶矿泉水支付4元，但老板还是会按固定价格2元销售给你，而事实上老板此时卖你4元你也会买。美国纽约时代广场卖小吃的推车往往并不标价格，因为小贩会根据对顾客的判断来收费，如果你看起来像是纽约本地人，价格就便宜，如果看起来是游客，价格可能会高几倍。如果商家能够完全了解每个消费者的个人支付意愿（即消费者愿意为商品支付的最高价格），就能够实现一直追求的一级价格歧视定价策略，使得收益最大化。

在过去，一级价格歧视难以做到主要就是因为信息的不公开与不流通，消费者也没有公布自己支付意愿的动机，毕竟人心隔肚皮，装作不太想要这件商品，就有可能获得一个更低的价格，何乐而不为呢？然而，进入大数据时代，消费者的个人偏好和支付意愿可能就没有那么容易隐藏了，根据收集到的用户基本信息、购买记录，算法往往能够预测出消费者大致的支付意愿，从而改变定价。

以外卖平台为例，用餐时间紧张、对价格不是那么在意的消费者会更倾向于购买准时宝；几乎每日必点外卖、对外卖依赖程度高的消费者会更频繁地购买会员红包。这些消费特征可能会让平台的算法生成这样的判断：他是一名支付意愿较高的消费者，即使平台设置了更高的价格他也还是会购买。从某种意义上讲，这也是一种消费者之间的竞价，如果我们把外卖看作是有限的资源，依照拍卖的思想，出价高的消费者将最终得到这份外卖。

个性化定价，或者说一级价格歧视，常常和一个名词——"大数据杀熟"联系在一起。"杀熟"指的是同样的商品或服务，老客户得到的价格却更高的现象。根据我国《禁止价格欺诈行为的规定》，价格欺诈主要有标价行为和价格手段两种表现形式。其中，标价行为是指经营者所标的价格与实际内容不符，例如同样是从在线旅游平台上订酒店，老用户小张比小李的得到的标价要多 20 元，而实际上到对应的酒店门店订房得到的就是小李的价格，这就构成了价格欺诈。在著名的"亚马逊杀熟"事件中，一位用户曾曝光，在他删除了自己的浏览器 cookies 后，发现之前浏览过的 DVD 售价从 26.24 美元降到了 22.74 美元，亚马逊也因此遭到起诉。可以看出，"大数据杀熟"涉嫌价格欺诈，毫无疑问是需要抵制的行为，事实上，2019 年 1 月 1 日开始施行的《电子商务法》、2020 年发布的《在线旅游经营服务管理暂行规定》等都规定，经营者不得滥用大数据分析侵犯消费者的合法权益，"杀熟"是应该被整改和惩罚的行为。

除了依靠政府的管制，消费者也能够采取不少措施来维护自己的利益。首先就是培养自己在这一方面的意识，在价格不同时能够理性地识别具体情况。例如在打车时，可能更高的用户等级、更高的收费同时也保证了更快的接单时间、更近的司机距离、更优质的司机水平，这样一来相当于为更好的服务而支付了更高的价格。当然，网约车平台应该进一步规范相关的条款，详细地说清楚具体的规则。还有更多的个性化定价表现形式，如给不同的消费者推荐不同价格、品类的优惠券，让支付意愿较低的用户更容易得到大额红包等，我们要能够识别，这是在通过给予不同消费者不同的优惠促销力度来促进销售，还是利用老用户的信任和支付习惯直接给出更高标价，对于后者一经发现，我们就应该进行举报。此外，通过删除自己的 cookies 信息、重新安装 App、注册新用户等方式，或许可以有效规避一些恶意"杀熟"的行为。随着相关法律法规的完善，向有关监管部门检举、向有关媒体揭发曝光都能成为我们维护自身利益的有力武器。

2.2 娱乐篇

在人类的历史长河中，重大的技术进步往往会带来生产效率的提高和生活质量的改善。在满足基本的生存以外，技术的发展也将更好地满足人们的精神需求，极大地丰富人们的日常娱乐生活。俗话说，各花入各眼，不同的人审美、喜好大相径庭。在过去娱乐资源有限的时代，大家只能从有限的资源中满足自己部分的精神需求，天南海北的人看同一份报纸，村邻乡舍看同一场露天电影。生活条件好起来了以后，尤其是互联网行业飞速发展以后，信息变得更加丰富，大家可以在不计其数的书影音资料中寻求自己喜爱的独一份。不仅如此，人们能够体验的娱乐内容也发生了极大的改变，视听触觉各方面都能享受到极致盛宴，人与人在虚拟世界的互动也变得空前频繁。

2.2.1 未来的游戏：人类感官的极大延展

大数据+VR（Virtual Reality，虚拟现实）、大数据+AR（Augmented Reality，增强现实）等复合型技术也在极大地重塑着人们的娱乐生活，比如玩电子游戏。玩电子游戏是人们最常见的娱乐放松方式之一。根据 Newzoo 公布的 2019 年游戏市场数据，中国、美国、日本是电子游戏市场体量排全球前三的国家，加起来占全球市场的 60%，其中中国更是以 365 亿美元的体量占据全球电子游戏市场榜首。在技术的不断更新换代之中，游戏也会呈现出更加丰富立体的感官刺激，玩家的游戏体验能够得到极大的改善和丰富。

相信不少人都接触过《超级马里奥》这一款经典游戏。玩家操控游戏角色历险闯关，打怪升级。有了大数据赋能的多种技术手段，未来游戏场景、玩家和游戏进行交互的方式将得到改写。虚拟现实（VR）则是未来游戏设计的一个热门风向。借助 VR 头盔、3D 眼镜等设备，人们可以将身体完全投入游戏世界。相比传统的创造虚拟角色进行游戏的体验，虚拟现实可以让真人接入虚拟游戏世界，获得沉浸式的体验。通过 VR 设备，哪怕玩家人在卧室，也能"置身"于大海触摸鲸，或"穿梭"于热带雨林中纵享奇异景色。

除了虚拟现实，增强现实（AR）也是未来的游戏发展趋势。如果说虚拟现实游戏是让玩家"置身于"虚拟世界，那么增强现实就是"虚拟照进现实"的体现——将虚拟的游戏元素投射到现实生活中来。比如，坐在卧室里，可以通过 AR 将一面白墙"变"成一片海洋。《精灵宝可梦 GO》这款游戏就是一种增强现实游戏，玩家可以通过手机等智能设备，以身边的现实世界为基础，捕捉、训练虚拟的宠物小精灵。另外，一些将娱乐和健康结合的体感游戏也备受推崇，如《健身环大冒险》《舞力全开》（just dance）等，通过可穿戴设备，利用红外、距离传感摄像、动态捕捉等技术，捕捉玩家的身体指标数据（如心率、体温等），让玩家可以在游戏中锻炼身体，让娱乐与健康生活方式合二为一。虚拟现实、增强现实或者体感类游戏相比于传统的游戏模式有一个共同特点：多感官刺激。多感官刺激的游戏拓宽了人们想象力的边界，让玩家的游戏体验得到了极大的延展和突破。

技术的发展，不仅仅会让玩家的游戏体验焕然一新，还将改变与游戏相关的产业，比如，越来越火爆的游戏直播。游戏直播对游戏产业具有重要的影响，它促进了电竞事业的发展，也扩大了游戏在日常娱乐生活中的影响力。游戏直播的上游通常由游戏开发商、运营商和游戏直播平台的主播构成，主播会直播自己玩游戏的过程，观看直播的人可以实时反馈，和主播互动，对游戏内容进行点评，还能对主播进行打赏等。电子竞技与传统体育竞技的区别在于，传统体育竞技也有直播，但观众往往无法和运动员进行实时的交流。而电子竞技直播大有不同，主播可以边打游戏边和观众交流，多数观众自己也是游戏玩家，观看直播也是直接向职业选手学习经验和提升自我的过程，由此，观看电子竞技直播时强烈的趣味性和参与度是空前的。

为什么游戏直播能够吸引这么多人观看？在回答这个问题之前，说说另一个类似的引人注目的现象——现代人越来越喜欢刷视频，尤其是短视频来消磨时间。观看短视频逐渐成为多数人非常重要的娱乐方式之一。理解短视频为什么受欢迎，可以很好地理解关于游戏直播的问题。

2.2.2 短视频时代：为什么人人都爱快手、抖音

快手、抖音等短视频平台的崛起可谓是势不可挡。公交车上、地铁上，不少人总是不停地在滑动手机，观看一个又一个的短视频；夜深人静的都市里，短视频不知不觉间偷走人的时间，让人沉溺。为什么从十几岁到几十岁的用户，短视频都能俘获他们的心？这背后的原因和大数据算法密不可分。

当你打开如抖音这类的短视频软件时，每一次滑动，每一次点赞，每一个收藏，都是在向软件传达你是谁、你的喜好是什么。通过收集使用者的全平台个人数据（如注册时向平台披露的信息）和行为数据（如登录和退出 App 的时间、对所推送内容的肯定或否定），大数据算法可以有效地为每一个用户贴上特定的标签，实现对内容需求方的识别。对于在平台内发布的内容，大数据算法也能有效地识别，为内容打上相应的标签，完成对内容供给方的识别。在两方识别完毕以后，平台就能实现内容与用户的精准匹配，让每一个用户看到自己最有可能感兴趣的内容。比如，某人发布了一条制作红烧鲤鱼的视频，平台就可以通过识别用户标签，将这条视频推送给喜欢做菜的用户，还可以通过关联，进一步地推送给对美食感兴趣的用户。

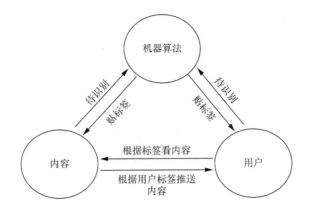

在算法中，每个用户都带着一身标签，个人喜好和偏好被拆解成一个又一个的细分标签——美食、风景、美妆、宠物、体育……而这些标签就是平台投其所好的关键所在。大数据的发展为精准推送提供了技术支持，实现了内容的"千人千面"。而在过去，记录会员的喜好是一件很费劲的事情。你获取到自己最喜欢的内容的方式可能是这样的：因为对某家商家或者某款软件喜爱有加，主动办理 VIP 会员，或者是因为较高的消费水平被动地成为 VIP 会员，店员或运营人员才会注意到你的喜好，此时匹配你的喜好是一件有利可图的事，商家才有动机通过邮件、电话等方式主动向你推荐你喜欢的内容。随着大数据技术的发展，精准匹配的成本下降，以前通过长期积累才能匹配某个用户的个性需求，已经变成了后台算法自动实现的过程。当用户刷到一个特别喜欢的视频时，所体验到的"不期而遇"其实是算法识别下的，为其量身打造的"万里挑一"。

越来越快的生活节奏、忙碌的生活方式，使得人们的时间越来越碎片化，而碎片化的时间要求我们接触到的娱乐内容要短而精、易理解，还要新奇有趣又刺激。早晨乘坐地铁代表着忙碌的一天的开始，午饭后的小憩是下午工作开启前的短暂喘息。在这样的碎片时间里，稍微得以放松的神经想要寻求娱乐放松的素材。在这样的时势下，短视频以其内容短小（一般在几十秒）、节奏快、跨度大等特点，更容易被人们认可和加工。心理学和神经科学的众多研究表明，人们的认知资源是有限的，面临过多的信息，人们反而会信息超载，无法对这些信息进行加工和处理。娱乐消费也是一样，碎片化的时间使得人们难以沉静下来阅读"大部头"。试想，在地铁上很难阅读加西亚·马尔克斯的《百年孤独》，因为在还没理解故事情节的时候，已经到站了。午饭后的片刻休息时间也很难打开一部 50 分钟一集的电视剧观看，往往还没进入重点情节午休便结束了。短视频的起承转合都在数十秒内完成，看完这个视频，手指一划又是一个全新的内容。这样的特点使人们不需要特别深入地思考和投入大量的精力，让看短视频成为碎片时间里非常好的放松手段。

除此以外，很多短视频的内容也符合人们对新鲜感知刺激的需求。根据享乐适应理论，人们对如短视频这样的享乐型内容消费是自适应的：一开始，享乐型内容会带给人们非常大的感官刺激和心情上的愉悦，但随着时间的推移，人们会很快习惯于这样的享乐型内容，同样的内容可能会让人觉得厌烦，无法再带给人感官刺激。好比吃一桌精致的满汉全席，在刚入席的时候，食客的心情是非常愉悦的：有这么多美食可以品尝！但在尝过几道大菜以后，食客们可能就会觉得享受已经达到了界限值，再好吃也已经吃不下、不想吃了。这样看来，短视频的时间短、类型多可以很好地延缓人们享乐适应的到来。化妆达人妆后妆前的对比、舞蹈达人的一段优美的舞蹈、体育达人在球场驰骋的帅气身影、宠物达人捕捉的宠物高"萌"瞬间……刷这些短视频如同吃流水席，菜量小，摆盘精致，让人吃完一道菜以后意犹未尽，期待着下一道菜会是什么品相和味道。

正如游戏行业的发展催生了游戏直播的发展壮大一样，短视频刮起的风，也绝不只波及人们的日常娱乐生活。在这个时代，每个人既可以是内容消费者，也可以是内容生产者。在大数据算法下，草根也可以获取流量，普通老百姓也可以获得来自全国网友的关注。比如，各大视频平台的头部网红李子柒，以自己优秀的内容产出占领了中外媒体的头版。作为一个来自四川农村的女孩,她通过镜头记录自己和奶奶在农村生活的点滴:从做香肠与腊肉、酿制玫瑰米酒,到春种秋收,再到扎染和剪纸。李子柒不仅通过自己的视频赢得了无数粉丝,还在海外媒体上获得了很多外国人对中华传统文化的认可和向往。像李子柒一样的短视频内容创作者还有很多,他们都是短视频时代催生的新生态代表。短视频平台为很多以前大众难以关注到的内容领域提供了载体,也催生了许多新的岗位,改变了很多人的习惯。比如,拍摄 Vlog 记录自己生活变成了新潮流,越来越多的 Vlog 展示创作者的日常生活,成为流量的焦点;直播带货正在成为新的商业渠道,不少知名主播也为零售业注入了新的活力。

2.2.3 娱乐社交媒体的变迁:小众空间

看短视频和玩游戏是人们娱乐休闲的重要方式,在快手或抖音上和其他用户互动,在玩游戏的过程中和其他玩家互动,也是娱乐生活非常重要的一部分。现实生活中,人们有各种各样的社交圈子;虚拟世界里,短视频平台、游戏平台与社交媒体等,其实也起着满足人们社交需求的作用。社会心理学上的自我决定理论认为,人有三种主要的精神需求:能力(competences)需求、自主性(autonomy)需求、社会联结(relatedness)需求。这三种精神需求得到满足保障了人们的心理健康,还能提升人们生活的幸福感。在物质生活十分丰富的今天,寻求精神生活的满足,寻求人与人之间的精神联结变得更迫切和重要。在大数据时代,线上社交变得越来越频繁。人们在网上组建兴趣小组、聊天室,在社交软件上讨论各种话题。与互联网刚兴起时不同的是,现在人们的线上生活和线下生活越来越"割裂",人们在线上和线下可能扮演着完全不同的、彼此独立的角色。比如,现实生活中被工作挤压得透不过气的程序员,在社交媒体上可能是深爱着二次元的动漫达人。人们在社交媒体上的行为数据,就构建了他的互联网人格。社交线上化的趋势给了人们一种释放自己精神需求的新的途径。

大数据时代下的社交媒体变得更"智能"。人们被社交媒体打上不同的标签,这些标签被用来对人群进行分类,为人们在线上交友奠定了基础。与社交媒体类似,短视频平台也能通过大数据技术手段为用户贴上不同的标签,并根据标签安排为用户展示的内容。社交媒体的个性化能够带来诸多好处:比如,它可以节约每个用户的搜索成本,让用户不需要在海量的信息里搜索,就可以直接获得最对胃口的内容。这让用户使用社交媒体的效率变得更高了——假设我们不是全天候地泡在社交媒体上,那么在有限的休闲时间里,我们可以接触到的自己喜欢的信息会大量增加。但同时不可忽略的是一些对社交媒体的个性化推荐持有疑问的声音,比如,社交媒体的个性化将限制人们接触新鲜信息的渠道,从而被困在"信息茧房"中,这将不利于培养人们开放、多元和包容的心态。在此等顾虑下,也存在着一些呼吁社交媒体给用户更多自主选择权的声音。社交媒体的个性化趋势以及它对人们娱乐生活的影响,在未来很长的时间里将是一个开放性命题。

反过来,个性化趋势对社交媒体也有着反面塑造的作用。在个性化趋势下,社交媒体变得越来越小众和细分,出现了针对某一部分特定人群、人群的某一部分特定偏好的平台和媒介——人们的精神空间在不断地被切割、细化,让每个人都能找到最适合自己的、最舒适的社交平台。比如,爱下厨的朋友可以在烹饪类软件中分享、学习和探讨下厨经验；爱探店的朋友可以在点评类软件中寻觅值得前往的地点；爱体育赛事的朋友可以在赛事直播类网站跟进最新的比赛信息。又比如，"豆瓣"平台有网友自行组建的兴趣小组，你可以从中找到各种各样感兴趣的小组，比如"非常慢跑"小组、"我爱明信片"小组，等等。美国网络媒体公司 BuzzFeed 的创始人 Jonah Peretti 提出，不同社交媒体具有不同的特征，如传播速度不同。

2.2.4 结语

娱乐生活因为大数据技术的加持变得更加丰富多彩。在未来，人们可能更少地为生存而担忧，转而寻求更高质量的精神需求的满足。几乎可以预见，人们的游戏或娱乐体验会变得越来越丰富和立体，得到的感官刺激会不断加强，如短视频这样的短频高刺激的形式会得到越来越多人的追捧；人们在网络社交媒体上的群体、小组也会越来越集中化。在这样的趋势下，人们的幸福感当然会因为有更丰富的娱乐体验和更舒适的社交体验而大大提升。或许值得思考的是，这就是人们精神世界的终极目标了吗？大数据科技发展之下，人们理想的精神生活应该是什么样的？

2.3 居家

随着技术的不断突破，我们的居家生活开始出现 AI 技术的影子。智能家居、物联网等词汇已经进入我们的生活，门锁、电灯、家具、厨具等与 AI 的结合，让我们的居家生活充满惊喜。

家居智能的关键技术之一是"物联网"。简单地说，就是通过网络将携带传感器的设备连接起来，让物品和物品能够进行"沟通"，并利用云计算和大数据技术，对传感器收集到的信息进行分析。技术赋予家用电器"学习能力"，让各种电器去适应人们个性化的生活需求，为我们提供贴心的服务。

2.3.1 AI 可以满足哪些居家生活需求

当我们站在门外，灵敏的智能门锁可以迅速进行指纹识别，无须我们翻找钥匙。作为家的"安全防线"，门锁上应用了指纹、面孔、虹膜、静脉等多种生物信息识别技术，保证开锁效率的同时提升了安全性。此外，智能门锁还有自动学习优化的能力，算法的加入让门锁识别指纹的速度越来越快。如果朋友来家里做客，自己还没到家，就可以使用门锁的远程管理功能，通过手机对门锁进行控制，给朋友发送一次性开门密码。

走进客厅，通过唤醒智能电视，我们可以开启愉快的视听旅程。与传统电视不同的是，智能电视拥有自己的操作系统和软件平台，可以直接连入互联网。目前最重要的智能电视发展方向是"三网融合"——手机网络、计算机网络和有线电视网络的应用融合，形成无缝覆盖。"三网融合"意味着，在智能电视上我们不仅可以获取传统电视网络的内容，还可以获得互联网上的其他视频资源，甚至还可以通过智能电视的第三方视频应用参与社交，也可以玩各类游戏。此外，智能电视可以用 AI 语音功能帮助我们摆脱遥控器——我们可以不需要满客厅寻找遥控器，直接对着电视说"快进""后退""加大音量"等，电视都能精准识别。

坐在沙发上，我们可以对智能音箱发出指令，让它播放音乐、预报天气、上网购物，带屏幕的智能音箱还可以用来进行视频通话。智能音箱理解指令的过程：采集人声——降噪——识别语音——转换为文字——上传到云端服务器——处理自然语言——理解语

义——获取数据——生成回复文字——将文字转为语音并播放。智能音箱能够和用户进行流畅的语音交互，这种流畅的交互非常依赖强大的 AI 语音技术——智能音箱需要能够被唤醒，又不能错误地被唤醒，而正确地在嘈杂环境中识别唤醒指令是非常困难的。此外，随着智能冰箱、智能空调等家电的出现，智能音箱可以作为各类智能家居产品的"控制人"。我们可以通过智能音箱控制电灯的开关、空调的温度设置、热水器的温度设置等。智能音箱让我们距离"解放双手"的居家生活更进一步。

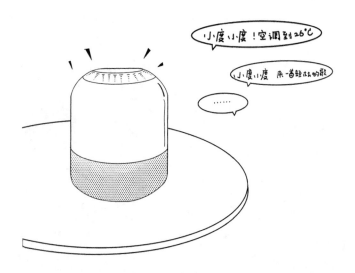

在厨房里，智能冰箱能够帮助我们更好地进行食材管理。普通的冰箱采用机械控温系统，很难实现温度的精确控制，而智能冰箱安装有环境温度传感器，能够根据外界环境温度调整合适的制冷模式，在有效制冷的同时达到节能省电的效果。用普通冰箱时，当你结束一天的工作疲惫地回到家才发现冰箱里食材所剩无几，欲哭无泪。而智能冰箱提供了食材记录功能，我们可以通过语音或者点击的方式让冰箱帮助我们记录食材。智能冰箱通过内部的摄像头，结合图像识别技术，可以实时通知我们食材的数量，甚至还可以通过记录保质期信息，及时提示我们采购新的食材。更进一步，智能冰箱还可以提供在线采购，我们可以在冰箱的显示屏上随时进行采购。此外，我们可以使用手机对冰箱进行远程调温和模式调整，比如可以在下班前将要吃的肉所在的位置调整为解冻模式，到家就可以开始做饭。

除了智能冰箱，厨房里还有智能烤箱。智能烤箱内部放置了温度传感器、重量传感器和摄像头，结合图像识别技术，烤箱可以自动识别食材类别，并依据重量对烤制温度和时间进行调整。

即使你是厨房小白，结合了 AI 技术的智能平底锅也能帮你成为"大厨"。平底锅内置温度传感器，你可以在手机上看到锅内的实时温度，App 会提示你什么时候需要翻炒，什么时候加入配料，什么时候可以出锅。

在炒菜过程中，智能抽油烟机可以帮助你保持厨房环境的清洁。抽油烟机上配备了红外感知设备和 AI 手势识别系统，你可以通过不同的手势开启抽油烟机并调整模式。手势操作可以避免做菜时忘记开启抽油烟机而手忙脚乱，也不会弄脏控制面板，减少了清洁的负担。抽油烟机甚至可以通过对灶台火苗的感知，在开始做饭时自动启动，并且根据火苗大小自动调整挡位。

在家居清洁方面，智能扫地机器人已经走进千家万户。现在的智能扫地机器人附加了激光导航、语音识别技术，能够用语音交互的方式开启机器和调整模式，还可以通过摄像头和智能地图构建系统做出最优路线规划，进而覆盖更大的区域。

卧室是我们忙碌一天后休息和放松的空间，需要最舒适和健康的环境。放置在卧室里的智能空气净化器能够过滤空气中的污染成分，帮助我们改善空气质量。一般空气净化器不能同时实现净化和加湿，而智能空气净化器可以同时完成空气净化和加湿，节约能源。机器还可以通过空气质量检测装置、温度传感器、湿度传感器实时监测周围的空气质量并自动调整；附带的 Wi-Fi 模块可以实现手机的远程控制，让你从进入卧室到起床都能享受洁净的空气。在使用一段时间后，机器还会根据你的行为模式自动学习和调整，优化温度控制模式，在不同场景启用不同的模式。

卧室里最重要的家具就是床，床垫的质量很大程度上决定了我们的睡眠质量。今天，越来越多的人被睡眠问题困扰，智能床垫应运而生。目前的智能床垫主要通过内部的压力传感器，可以监测用户的身高、体重、睡眠习惯，通过与研究数据的对比计算出最适合用户的睡眠承托模式，保持脊柱自然对齐，还可以通过人体体征监测装置，监测心率、呼吸、血压和血氧等数据，并上传到大数据中心进行分析，对睡眠状况异常者进行及时提示。此外，智能床垫可以通过手机 App 对不同位置进行高度的调整，无论是看书、玩电脑，还是玩手机都可以选择最科学的形态。

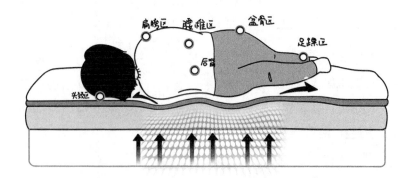

在安睡的同时，智能空调也提供了更加舒适的环境。相比普通空调，智能空调最大的特点是人工控制。利用温度传感器、湿度传感器，智能空调可以感知房间内的环境变化，基于算法自动调整温度和湿度，而云计算还可以根据你的使用习惯进行算法很少需要优化——在你入睡时、起床时、工作时自动将空调调整合适的模式。此外，手势识别、人脸识别等技术也开始被应用到智能空调上，让空调使用起来更加流畅。

到了起床的时间，智能窗帘徐徐打开，让窗外明媚的阳光代替闹钟唤醒沉睡的你。智能窗帘可以适应各种模式，基于亮度传感器可以实现日出日落自动开合，观影时也会自动关闭，甚至可以通过智能音箱对窗帘进行语音控制，极大程度提升居家生活的便利程度。

除了家电，AI 技术还可以在更隐蔽的角落里让生活更美好。智能照明系统是结合了物联网、通信技术和智能信息处理的照明系统，可以实现对灯光的远程调控，包括启动关闭、亮度调节、定时控制、模式调整等功能。想象一下，你可以坐在沙发上调节屋内所有的灯光，运动传感器让它们能够跟随着你的脚步点亮和熄灭，并根据环境亮度调整亮灯的数量和亮度，持续实现节能环保的目标。更棒的是，当想要用智能电视看一部大片时，可以将灯光调整为观影模式，让你拥有和身处影院一样的视觉体验。

此外，更隐蔽的是智能插座。智能插座绝不只是一个带了 USB 接口的普通插座，它附带 Wi-Fi 模块让我们可以通过手机对其进行远程控制。你可以通过手机检查家里的电器运行情况，如果出门忘记关风扇，可以直接在 App 上断开电源。智能插座可以设置定时开关，让不具有智能装置的电器也能够"智慧"起来，比如在起床之前为你煮好一壶咖啡。插座内部的计量芯片可以帮助你监测并统计不同电器的用电情况，从而更方便地节约能源。

除了生活服务，AI 技术在安全方面也有出色的表现。智能监控系统的设备包括智能摄像头、烟雾探测器、报警器等。我们可以在手机或电脑上远程查看家里的情况，这对于家里有老人、小孩或宠物的家庭来说非常重要。此外，智能摄像头还有人脸识别功能，如果有陌生人进入你的家，摄像头会立即向你的手机发送报警信息，从而保证你的居家安全。

2.3.2 展望

当 AI 技术走进居家生活，我们就可以从生活的烦琐中解放出来。智能门锁、智能监控系统让我们的家更安全，智能床垫、智能空调、智能空气净化器、智能窗帘让我们睡得更好，智能插座和智能照明系统为我们节约能源，智能厨具、智能扫地机器人减轻了家务劳动负担，智能音箱和智能电视让我们的生活更丰富多彩。

美好智能生活的核心源于物联网和大数据技术让家电拥有了"大脑"，我们可以通过说话、打手势直接和它们"对话"，可以用手机、音箱控制每个角落，而云计算让它们拥有了"学习"和"适应"的能力，从而更好地贴合每个人的生活。也许在不久的将来，我们就会拥有一个看不见的"生活助理"为我们打理居家生活的方方面面。

2.4 医疗：你愿意让AI给你看病吗

当病人迈入医院大门，将会被自动识别是否佩戴口罩及进行测温并记录,然后病人走到智能机前刷身份证进行无人挂号,机器在询问病症病情后自动完成病例填写,机器人助手将指引病人前往看病诊室辅助导诊,AI算法基于病情数据分析对病人进行诊断并给出对症的药方,病人携带药方前往智能取药窗口自行付费领取相应药物……以往在科幻电影中看到的医院场景逐渐变成现实。随着社会的发展和健康观念的进步,就医需求量不断增长,然而医疗资源有限,在医院排队是常态。人工智能技术的应用为医疗领域带来了升级,给医疗资源供不应求的问题提供了解决方向。AI辅助医疗释放了医院的部分人力,在降低成本的同时提高了效率,改善了病患的就医体验。目前,不少大型IT企业注资医疗行业,智能医疗的发展备受瞩目。在可见的未来,可以想象家庭AI医生的出现,以及无人智能化医院的普及,那么你愿意让AI给你看病吗?或许有人对技术进步十分信任期待,或许有人对其专业性和精确性仍有较大顾虑。在思考是否接受AI看病这一问题之前,不妨先了解一下AI技术在医疗领域的应用与发展情况。

2.4.1 在线诊疗

如果人们外出旅游时身体不适，在人生地不熟的地方无法及时就医，该怎样知道自己的健康情况呢？如果生活在深山村落或远离医疗卫生机构的地区的人们突发疾病，该怎样得到及时有效的救治呢？在线医疗、远程问诊能随时随地提供医疗问题解答、视频指导实施急救，还可以让人连线医生直接对话，与时间赛跑，挽救生命。这些技术的发展与普及能在很大程度上解决前面提到的问题。

在线诊疗的形式丰富多样。AI 虚拟聊天助理助力医疗服务线上化，扩大医疗服务的覆盖范围，减少不必要的线下医院问诊。例如 Sense.ly 的虚拟护士平台结合了远程在线医疗技术和语音识别功能，可以直接提供虚拟护士与患者对话，告知患者生命体征数据，记录病情信息并提供给医院的诊断系统，为患者生成治疗方案，并随时根据情况予以调整，在医院和患者之间搭建了畅通有效的桥梁。在在线诊疗过程中，线上的 AI 医生客服在收集了大量患者就诊时与医生的聊天数据、专业医学数据后，通过机器学习和文本挖掘，实现与患者的智能交互，当患者在线上询问医疗小问题时，AI 医生客服基于自然语言处理技术，与数据库中的医学记录进行对比，根据患者的病情描述和就医需求，给出相应的医疗知识和信息，帮助患者了解自身病情，给出用药指导或就诊建议。AI 医生客服能够解决许多咨询用药的问题，依靠大量全面的医药数据，AI 医生客服可以提供更加详细、准确的用药说明，让患者避免错误服药。在与患者交流的过程中，AI 医生客服也在不断地收集该患者的信息，根据患者病情给出就诊建议，有针对性地将患者分到不同的医院，实现分级诊疗，帮助大型医院分流，同时整理患者病情并生成电子病历，协助医生提前掌握患者情况，提高诊断效率。

2.4.2 智能辅助

大数据技术和人工智能的应用可以通过一系列智能辅助来缓解医疗系统的压力。患者走进医院，正在四处张望不知道该去哪儿时，导诊机器人出现了，它可以引导患者到指定区域等待。如果患者不方便自己填写病历表格，导诊机器人可以根据患者口述的病情生成病历，并通过自然语言处理、知识图谱等技术，以学习大量病例数据为基础，对患者病历进行分析诊断和结构化处理，代替人工做案例标注，输出专业的医学指南，提供精细化的诊疗建议供医生参考，为临床决策提供支持。当病历填写完毕后，智能挂号机器可以帮助患者挂号，通过后台数据分析各诊室的接待情况，实现智能叫号，对病人进行智能化管理和分配，并代替护士为病人指引诊室位置。

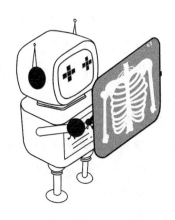

目前自动化拍摄 X 光片正在普及，AI 能够结合图像识别技术进行智能阅片，释放医疗资源，并尽可能减少误判的发生。例如，医生接待一名患者需要通过 CT 诊断约十分钟，如果每天需要观看几十张甚至近百张 CT 图像，就会造成一线医疗工作人员压力巨大和疲劳，而用 AI 辅助 CT 诊断，可以对 CT 图像进行智能分析评价，在短短几秒钟之内给出诊断结果并出具分析报告，自动筛选疑似病例，大大降低了医务人员时间和精力的消耗，同时也缩减了患者的就诊时间，成功通过"提效减负"来缓解公共医疗资源的压力。目前我国多家医院放射科都安装了人工智能阅片系统，在患者拍完 CT 后，自动将影像数据上传至数据库，为医生标注出有病情风险的区域，并备注上病情分析和治疗意见，这样高效准确的诊断大大提高了医生的工作效率，并防止出现因疲劳等因素导致的误诊漏诊的情况。除此之外，AI 在 3D 打印骨骼模型等方面的应用，帮助了医生完成复杂、多维度的量化分析，并能够同时进行海量的历史 X 光片图像比较，识别出肉眼无法捕捉的阴影结构，在降低成本的同时，避免漏诊。

大数据分析技术基于大量的数据库和机器学习，能够辅助预测疾病的发生。例如谷歌公司通过分析用户搜索数据，发现在特定的一段时间内，网友搜索"流感"相关关键词频率大幅上升，于是在2008年成功预测了流感的发生，帮助部分民众进行预防；卡内基梅隆大学的研究人员设计出预测关节炎的算法，通过核磁共振成像识别软骨恶化，并将其可视化，提前数年预测症状，能够帮助患者尽早地进入预防疗程，避免多年后的急性病发。同样地，AI在智能健康管理中的应用，也能够帮助人们及时发现潜在病情。随着多种监测技术的发展，人工智能汇集了大量相关的个人健康数据，包括穿戴设备所记录的生理数据，结合环境数据，以及网络行为数据所反映的心理情况等，可以进行深入的挖掘分析，对个人潜在的健康风险进行预警，并提供相应的改善建议，实现"健康监测—疾病预防"的智能化管理。

IBM Watson是医疗人工智能行业的先行者。通过分析海量的病历诊断、医学文献，提取病情判断、用药建议、医疗方案等知识和规则，建立机器学习模型，实现规范化医疗诊断，辅助医生判断病情、制定方案，不仅能够提高资深医生的效率，还可以帮助年轻医生学习成长。尽管目前Watson智慧医疗的发展受挫，但不可否认其对于智能医疗的推进有着令人瞩目的功绩。现在同仁堂等中国的医药企业也在尝试利用大数据技术和人工智能来分析中医方子、中医书籍等，随着技术的发展，我们十分期待中西医结合的AI医生的问世。

2.4.3 智能医疗器械

人工智能在医疗器械方面的应用与发展，不仅使得器械升级换代为智能化工具，还能够通过机器学习的不断完成更新，减少医疗过程中的人力资源投入,减少医生的工作量,提高医疗器械的精准度,甚至能够使一些诊疗场景摆脱对医生的依赖,由机器人独立完成治疗过程。例如世界顶级手术机器人的代表——达·芬奇,可以辅助外科医生进行复杂的手术。机器人中核心的 3D 高清图像设备使得医生能够将患者的身体图片放大 20 倍而不失清晰度,从而看清患者需要动刀的位置,方便医生对手术部位进行精准的定位和精密的操作。同时其灵活的机械臂上诸多的细小关节能够完成医生都无法进行的、在极为窄小的部位的精细操作,使得患者的创口更小。在达·芬奇的人机交互操作平台,医生可以通过高清影像,操控机械臂实施动作,大大降低医生手术的负担和疲惫感,提高了手术的精确度。目前这种机器人微创手术已经应用于普通外科、泌尿外科、心胸外科等领域。

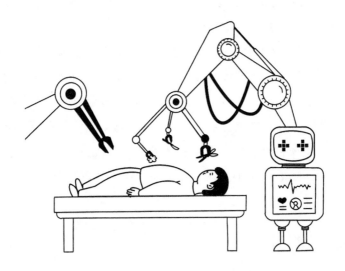

靶向纳米机器人的研发如日中天。所谓纳米机器人即机器尺度微小、可以在纳米级别空间进行操作的机器人,在医疗中则可以通

过精准的靶向和自由的运动,在血液内完成药物运输,并且有生物相容性和可降解性,不会对人体造成伤害。医生可以通过对患者病情的分析,提炼出对应的癌细胞基因,并将基因复制到纳米机器人上,再将这种纳米机器人输送到肿瘤位置,找到对应基因的癌细胞,进行精准的放射治疗,有针对性地杀死癌细胞,提高效率,为癌症的攻克创造重大价值。

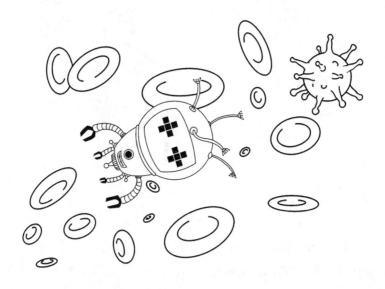

人工智能的发展为盲人、瘫痪病人等带来了希望。澳大利亚莫纳什大学的研究人员发明出了仿生眼设备,在临床试验中可以成功应用在绵羊身体,在植入大脑后,通过收集的图像信息转化成电脉冲,传输入大脑的神经元,实现成像功能,有望成功恢复盲人的"视力"。前沿科技"脑机接口"和"脑内芯片"听起来令人骇然,相关技术却正在火热突破中。"脑机接口"可以通过神经手术机器人将芯片快速植入大脑,以此来读取脑电波信号,然后通过传感导线将数据传输到体外设备中,实现真正的人机交互,这样能够帮助病患控制机械肢体,甚至在未来解决因失明、失聪、瘫痪、中风等带来的问题。而"脑内芯片"的研发则让人们的记忆永久保留成为可能,甚至可能实现科幻电影中"思维永生"的情形。

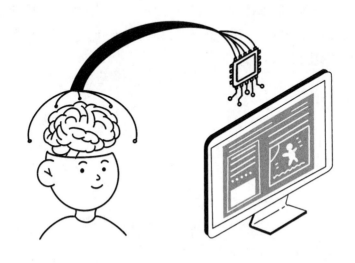

2.4.4 未来展望

你敢让 AI 看病吗?随着人工智能技术的发展,在未来,拥有大量疾病资料数据和精确模型的 AI 能够大大提高看病的精准率和效率,辅助医生更快地攻克难以治疗的疾病,并在研发新药方面提供科学检测,高效模拟临床试验,推进药物的应用。当 AI 可以独立治疗疑难杂症时,将会解放医疗生产力,实现供需平衡,达到"看病轻松,看病便宜"的效果。

医生会被 AI 替代吗?事实上,医生对于研究新型疾病的治疗至关重要,因为 AI 只能基于历史数据进行决策,在创新突破上仍有欠缺。并且在对患者的人文关怀方面,AI 远远无法替代医生。医生和 AI 共同协作创造更优的价值,这是未来医疗发展的趋势。

AI 在医疗领域的发展有望延展人类的生命长度和提高生命质量。未来，当身体逐渐衰老时，人造器官、智能纳米机器人有可能被用来帮助维持身体的活力；当行动不便时，大脑思维可以控制体外设施，帮助我们做想做的事；残疾人士则可以通过智能机械达成与正常人几乎无异的效果。AI 医疗让人类的生命更有质量，也让未来更美好。

2.5　婚恋：算法可以帮你找到更好的伴侣吗

自古以来，婚恋话题一直被人们津津乐道，热度经久不衰，无论是在茶余饭后的闲谈交流，还是在业界学界的科学研究，人们总是想知道如何找到一位合适的伴侣走进幸福的婚姻。在婚姻与恋爱中，大家普遍认为双方合适、匹配非常重要，这就需要考虑很多因素，甚至需要不断地尝试与磨合。尽管人的一生会遇到两千九百多万个人，但两人相爱的概率只有百分之 0.0049，为了这微小概率事件的发生，可能需要花费大量的时间。然而在快节奏的现代社会中，许多人忙碌于工作、学业等，结识、了解潜在对象的成本颇高，在有限的相遇和选择范围内，如何找到相知相爱的伴侣更像是一种"玄学"。除此之外，人们自我认知和对伴侣的要求的不确定性也是婚恋困难的原因，由于个人的经验有限，可能自己也不太明白适合自己的标准，从而在婚恋选择中困惑重重。随着技术的发展，基于大数据样本的匹配算法进入人们的视野，购物场景下的"猜您喜欢"越来越精准，那么婚恋里的伴侣推荐是否也会令人满意呢？在电视剧《黑镜》第四季中，未来世界里的人们可以通过"AI 相亲系统"找到匹配率高达 99.8% 的"完美对象"，解决了许多人的单身问题。"AI 相亲"已经不仅存在于影视作品的想象中，在现实中，人工智能在婚恋相关的市场上的应用中也在不断发展。

2.5.1 AI 红娘——在线婚恋

互联网的普及扩大了现代人的社交圈，同时也让许多人将大量时间用在了网上冲浪中，人们逐渐习惯了线上社交模式，在这种情形下线上相亲就更加受青睐。在各大婚恋网站平台中，平台方为用户推荐相亲对象首先要收集用户的个人数据，然后建立大型用户数据库，通过算法对信息进行比对、匹配，在这一过程中，人工智能的引入成为必然。在线婚恋平台凭借快速有效的配对、庞大的数据库吸引了众多用户，例如知名应用 Tinder，自 2012 年推出以来已经完成超过 200 亿次配对，每天用户访问量约 17 亿次，在 2019 年成为了全球收益最高的非游戏类应用，足见在线婚恋发展之蓬勃。

AI 在婚恋平台中承担了助手的角色。面对 AI 助手，我们不用考虑它的时间制约，没有社交上的拘束，也不会有吐露心声的顾忌。人工智能客服不仅可以随时随地、快速有效地为婚恋平台用户提供操作指导和答疑，当用户遇到情感问题时，还可以化身为"婚恋专家"，贴心安慰的同时给出相应的建议，同时也避免了大家面对人类倾诉感情时可能感到尴尬等问题，保护用户隐私。在这些智能回答的背后，有自然语言处理等技术和丰富的数据库予以支撑，人工智能汇集了大量的用户问题和专家解答，可以更准确地识别问题核心并找到最合适的专业建议。

另外，AI 还可以成为用户的"恋爱老师"。在国外的约会平台中，用户在线上聊天时，AI 通过分析对话中的语气和表情图，根据用户的性格推荐合适的聊天方式；AI 还可以通过分析用户的个人资料、社交媒体言论和聊天记录等信息，为其制定约会方案，提供适合对方的约会场所建议，指导用户怎样在约会中沟通交流；当要开始约会时，AI 会打电话来告诉用户调整好自己紧张的情绪，指导接下来如何发起对话，甚至可以告知约会对象的喜好、生活方式等，帮助用户更好地了解对方，从而营造舒适的约会氛围。可见，AI 在人们恋爱中能提供重要的"助攻"。还有婚恋平台开展了"试爱机器人"项目，顾名思义，这项目在正式恋爱和婚姻前为人们提供模拟的机会，AI 会在模拟恋爱中对用户进行指导，培养用户谈恋爱的能力。根据婚恋平台的调查，想要发展恋爱关系的人常常会迷惑于如何吸引他人以及怎样与中意的对象相处，而"试爱机器人"可以帮助人们提前实践，降低试错成本，减少恋爱失败所带来的伤害。

AI 在智能匹配中发挥的作用备受关注。在线相亲平台上，用户可以通过填写问卷来提供个人信息，同时 AI 会对用户的社交网络数据、App 使用数据等进行深度挖掘，了解用户的饮食偏好、审美取向、娱乐生活方式、兴趣爱好、性格特点等，为其生成个性化标签，建立个人档案，这不仅可以作为 AI 算法的依据，还能够让用户自己通过标签来结识朋友。结合机器视觉、语音识别等技术，AI 可以验证用户身份的真实性，降低线上交友的安全隐患，并缩小虚拟与现实的差距，降低"见光死"的概率。例如，人们对"眼缘"十分看重，为了更精准地匹配，AI 在收集了用户面部数据后，根据用户提供的"理想型"长相，无论是现实人物、二次元人物还是抽象的外观描述，都可以分析出符合要求的面部特征，为用户进行推荐。AI 基于机器学习技术能够突破现实中的样本局限性，通过学习大量恋爱关系中的数据和结果，找到"适配"的关键点，为用户高效、精准地推荐约会对象，提高相亲成功率。例如有些婚恋平台会让用户标记喜欢的人和不喜欢的人，AI 学习了用户的偏好后，会不断优化针对该用户的推荐算法，提高准确率。在为用户智能匹配对象后，AI 还可以继续跟进，在评估、识别了双方价值观、发展趋势等信息后，结合互动交流的数据，可以评估和预测恋爱关系的大致走向，给用户提供参考建议。可能很多用户自己都不清楚自己喜欢或合适的标准，但是 AI 却能够直面人心，通过分析用户的行为和语言为其匹配相应的人选。

AI 让智能婚恋交互走进人们生活。如果由于时间、地域的限制，约会双方无法在线下见面，那么视频相亲可以解决这些现实中的种种不便。为了增加约会的真实性，VR 实景交互可以将约会双方带入虚拟的约会场所，咖啡厅、街头、海边等场景选项，为人们营造浪漫独特的线上交友体验。

2.5.2 AI 红娘——线下相亲

AI 在线上交友平台大展身手，让单身人士们看到了更多的可能性，同时线下的婚恋场景也处处有 AI 的身影。在某知名相亲电视节目中，大数据系统会为相亲的男方推荐场上匹配程度最高的女嘉宾参与最终的恋爱选择。这是 AI 收集挖掘了男女嘉宾的兴趣爱好、性格特点、人生观价值观等信息后，做出的精准推荐。系统还会给出具体的匹配百分比分数，以及对男女双方的匹配推荐评语。十分"巧合"的是，AI 系统给出的智能推荐对象多次与男嘉宾选择的心动对象或者对男嘉宾心动的女方人选一致，这证明 AI 分析出的匹配对象确实可能是人们会喜欢、会选择的伴侣。AI 的分析匹配使人们更清晰地认识自我，了解自己的需要，同时也为相亲提供了更多理性的思考。

在线下相亲会中，AI 也起到了重要的辅助作用。AI 可以帮助记录收集参加相亲的人的信息，建立属于他们的智能档案，为他们推荐、安排相亲的对象，增进相亲双方对彼此的了解，提高相亲的效率和成功率。在日常生活中，AI 也可以帮助人们与偶遇对象进一步交流。国外某平台致力于发展虚拟实景的社交，当人们在餐厅遇到有意接触的人时，可以通过 AI 技术识别所在位置等信息，找到对方的公开资料，并使用软件发起聊天、互动游戏等。

2.5.3 AI 定终身

"百年修得同船渡"，在古今向往美好爱情的人们心中，邂逅是一段佳话的初始，缘分妙不可言。很多人认为在生活中自己寻找伴侣更加符合自己对爱情的追求，而依靠 AI 推荐匹配不靠谱更不浪漫。随着社交线上化，人们日常生活中的交流沟通逐渐转移到线上，网上冲浪占据了很大一部分时间。线上"偶遇"促成姻缘，网恋也十分普遍。很多人希望在旅途中结识有相同爱好的伴侣，在演唱会现场遇见心动的对象，在街边碰到一见钟情的人，在电影网站里找到知己，在学习工作环境中认识合适的人……这样的缘分时刻都在产生。同样地，在 AI 精准匹配下，人们也可以找到有着喜欢的面容、相同的兴趣爱好、相近的观念的条件合适的对象，甚至 AI 的匹配会比人们自己考虑得更多更充分。这样的"匹配"为人们降低了时间精力成本，拓展了更多的可能性，是很多人目前正在尝试并期待的。那么，AI 推荐的"完美"对象和浪漫邂逅的缘分对象，你会选择哪一个呢？

事实上，人工智能入局婚恋市场并不是决定了终身，更不是意味着人们无法自己寻觅爱情只能通过客观的分析匹配，人工智能在婚恋上的应用为人们提供了更多的选择。AI 的精准推荐并不意味着真正的心动和爱情，能否和对方继续走下去还是要回归真实的相处。AI 可以帮助人们找到合适的接触对象，指导人们学习与人交流，但无法替代人们和对方相爱。科技进步的重要意义在于辅助人们更美好地生活，AI 助力婚恋的作用在未来是清晰可见的。

2.5.4　未来的婚恋设想

想象一下，如果世界上所有渴望婚恋的单身人士都加入 AI 匹配系统，那么通过 AI 的推荐算法，人们可以找到一位现实中一直无法遇到的，而双方喜欢同一类音乐，爱看同一种电影，有相同的人生追求、相似的生活品味，性格与观念互相契合，长相彼此满意，客观条件适合的伴侣，这听起来是不是十分令人期待呢？未来这一切皆有可能。英国的研究人员预测在 2025 年可以通过人工智能结合 DNA 配对，分析双方的吸引力和相容度，从而进行精准匹配。在未来科技发展中，AI 甚至可以模拟出每个人的虚拟人物，并在系统算法里让双方虚拟人进行长达几十年的生活，突破人们婚恋的时间制约，模拟观察一生的婚恋走向，真正完成"现实一天，线上十年"的相处形式，从而推荐适合的人生伴侣。

人工智能发展的未来，你会接受机器人伴侣吗？在人工智能专家的言论中，人类与机器人的关系会不断进化，对于一些不婚主义者来说，机器人伴侣可能是一个不错的选择。未来的伴侣型机器人可以按照人们的喜好设定外观、声音、"性格"、相处模式等。当技术发展成熟时，机器人伴侣可以照顾人们生活的方方面面，兼任管家、保姆、家庭医生等多重身份，还可以满足人们的情感需求。在许多科幻影视作品中，类似的设定早已被构想出来。

人工智能赋予未来的婚恋很大的想象空间,你会接受 AI 为你匹配对象甚至成为你的伴侣吗?无论如何,答案只能由你选择。

2.6 养老

人口统计数据显示,2019 年我国人口达到 14 亿,其中 65 岁以上人口占比达到 12.6%,预计到 2030 年我国老龄人口占比会达到 20%,进入超级老龄化阶段。《"十三五"国家老龄事业发展和养老体系建设规划》显示,2020 年独居和空巢老人达到 1.18 亿,老人独自居住越来越常见。对于整个社会而言,如何建立养老体系,让每个人享有安全、有保障的养老生活,是亟待解决的问题。

随着人工智能、大数据技术的发展,"AI + 养老"也许能够提供新的解决方案。应用于养老的人工智能技术主要有云计算、大数据技术、物联网技术、人脸识别技术、自然语言处理技术、GPS定位技术等。云计算为后台大规模数据运算提供支持,大数据技术为快速分析健康数据、挖掘可用信息提供保障,物联网技术则是应用在各类硬件设备上,人脸识别和自然语言处理技术帮助机器与老人更好地沟通,而定位技术则是利用卫星对老人进行定位和导航。

2.6.1　AI如何为养老提供生活辅助

对于老人而言,身体机能的衰退会带来行动上的不便,智能养老机器人可以帮助老人解决日常生活中的诸多问题。

以外骨骼机器人为例,基于仿生学的人体工程学设计和人工智能技术,外骨骼机器人可以帮助行动不便的老年人进行康复训练并辅助移动。智能外骨骼机器人使用的是柔性骨骼,上面配置了供应控制系统、压力传感器、动力输出装置、无线传导装置等器件,能够感应老人行走的压力模式进行模型优化,为老人提供适宜的支撑力。

随着年龄的增加,老年人跌倒的风险变高。根据新华社报道,我国老年人每年跌倒次数达到2500万次。智能摄像头和监护系统组成的"防跌倒系统"可以在老人发生坠床、跌倒状况时迅速反应,提供全天候的保护。其中,智能摄像头利用了卷积神经网络、深度学习、人脸识别、人体姿态估计技术等,利用大量的图片进行算法训练,能够识别人体头、手、脚等关键部位,让机器自动监测视频中老人的行为,第一时间发现跌倒的情况并发出警报,让老人得到最及时的救助。此外,还有可以安装在床上的智能传感器,能够监测呼吸、心跳和睡眠情况,如果数据出现异常就会立刻提醒监护人。

还有很多相对便携的智能穿戴设备可以提升老年人的生活品质，包括智能手环和项链。手环和项链设备上配置了光电传感器，可以采集手腕部位和颈部的脉搏，从而监测血压和心率等健康指标，并上传到云计算平台进行技术分析，对异常情况发出警报，医生和家属可以及时进行健康干预。同时 GPS 定位技术可以帮助确定老人的位置，避免老人走失。在防走失方面，也有公司开发了 App 帮助建立安全网络社区，如果有老人走失，家人可以通过程序向周围 20 公里的用户发送提示，协助寻找老人。

除了硬件的提升，依托人工智能技术的社区养老服务也在不断升级。浙江乌镇镇政府联手中国科学院物联网研究中心等多个平台设计研发的"智慧养老综合服务平台"已经上线。乌镇养老中心将每位老人的个人身份、健康、服务信息建立数据库，接入系统的老人会获得一个手环。如果发生意外情况，老人可以通过手环进行报警，社区值班人员会以最快的速度为老人提供援助。此外，老人的家里还有基于物联网技术的生命感应仪、门磁感应等装置，如果门长时间开启，老人血压、血糖指标异常，中心也会迅速获得信息。另一个类似的例子是"社村通"居家养老服务平台，利用物联网技术、互联网技术、云计算和 GPS 定位技术，以手机、手环等移动终端和监控设备为基础，采用大数据技术对传感器信息进行分析，帮助政府进行养老工作安排，接入社区管家、护工、医生和志愿者，为社区内老人的健康、生活提供服务，解决居家养老的问题。

更重要的是，AI 还可以辅助解决老人的看病需求。对于老人而言，到医院看病是非常麻烦的事情，交通、排队、挂号、检查、取药，各个环节对老人都是一项挑战。互联网医疗的发展为老年人"看病难"提供了可行的解决方案。AI 技术对互联网医疗的帮助主要体现在 AI 辅助诊疗系统。首先，系统需要借助机器学习和深度学习对结构化、非结构化和半结构化数据进行处理和识别，构建医学知识图谱，让系统能够"认识"疾病、症状和药品，并建立三者之间的联系。其次，系统需要建立疾病诊断模型——学习医生的诊断"思路"，这需要对大量的病例数据进行识别、处理，导入模型中进行判断。最后，系统需要学习像医生一样"问诊"，根据病人的描述决定如何问下一个问题，以进一步获得信息。AI 辅助诊断系统可以协助医生更快速、更精确地进行疾病诊断，让老人的看病更便捷。

日本是老龄化程度最高的国家之一，厚生劳动省 2020 年发布的人口统计数据显示，2020 年日本 65 岁以上老年人口共 3717 万，占总人口的比例已经达到 29%。在应对社会老龄化方面，日本积累了大量的经验，也许我们可以从中借鉴。日本有一家知名养老机构"善光会"就采用了智慧养老的运营模式。善光会为老人设置的康复功能区里就应用了"HAL"外骨骼机器人，可以通过分析老人的脑电波信号获知其行动意愿，并辅助肌肉运动。

2.6.2 AI 如何为养老提供精神支持

除了身体健康，老人的心理健康保障也是非常重要的。随着我国城市化进程的加速，"空巢老人"现象日益普遍，独自居住的老年人越来越多，老人与社会的沟通减少，久而久之会带来严重的心理问题。在当前社会环境下，老年人的心理需求尚未得到足够重视，而 AI 同样可以在这方面有所建树。

虽然智慧机器人的技术日趋成熟,但是针对老年人陪伴需求的产品仍然不多。老龄化严重的日本率先开发了具有陪伴功能的机器人。这款机器人附带了人脸识别功能,利用机器学习算法开发出适用于老人的沟通方式,能够与老人"交朋友",并完成沟通。此外,这款机器人还可以为老人制订体能训练计划,定时指导老人进行体育锻炼,其陪伴逗乐的功能可以给老人带来更多的乐趣。此外,日本企业还研发了宠物机器人,能够模仿宠物的姿态、声音与人互动,能够改善老人的心理状况。在国内,部分产品将原本用于儿童早教的智能语音助手应用于老年陪伴场景,在原有的系统上添加了老年人感兴趣的戏曲、评书、广播等,部分满足了老年人的娱乐需求。

AI养老如何给老人提供有质量、有温度的陪伴?技术的发展也许已经不是障碍,这个市场需要更加用心和有创意的产品,给老人提供一种"老有所依"的生活。

2.7 人与自然——AI聆听自然的声音

"万条垂下绿丝绦"是风的语言,"润物细无声"是雨的语言,"悠悠扬扬,做尽轻模样"是雪的语言,"两只黄鹂鸣翠柳"是动物的语言……这些都是大自然的声音,古时人们欣赏吟咏自然的语言,在科学发展与技术进步的今天,人们可以更科学深入地解读大自然向我们传达的声音。

大自然是一个有灵性的生动世界,古时候人们畏惧自然的威力。然而,在科技革命的过程中,人们渴望征服自然、利用自然快速发展,人与自然的关系逐渐失衡,以往对自然的不了解、不作为、不尊重使得可持续发展面临重大危机。冰川融化威胁了北极熊的栖息环境，沙尘暴和雾霾影响了人们的生活品质与健康，气候异常、物种灭绝、灾害频发、垃圾遍布，人与自然的割裂和对立给人类世界带来了不容忽视的问题。"绿水青山就是金山银山"，人与自然和谐共处、保护环境成为世界各国所重视的议题。科技发展给自然造成伤害，但同样能为现在人与自然的融合带来希望。人工智能可以帮助人们读懂自然，了解自然，净化自然，可以促进人与自然"和解"，优化自然环境，提升人们的生活质量和幸福感。

2.7.1　人与环境

"地积大块作方载，岂有坏崩如杞人"。地震让我们认识到人类在大自然面前的渺小，地震所造成的巨大损失给人类留下了不计其数的伤痛。人们畏惧地震，一直在与之斗争，想要破解地震的秘密，随着大数据和人工智能技术的发展，预测地震的方法逐渐成熟。2019 年 6 月 17 日四川长宁发生了 6 级地震，和以往不同的是，邻市的居民收到了地震来临的预警，成都市提前了 61 秒播报预警。这一分钟是与生命赛跑的宝贵时间，预警让人们有所防范，及时逃离危险地带，也使得相关部门做好应对准备，大大减少了人员伤亡。这一重要预警是由 ICL 地震预警技术系统完成的。ICL 根据以往大量的主震和余震数据建立了机器学习模型，在地震来临时，通过地震监测仪器、接收系统等收集的实时数据，对震源、速度、震波等信息进行汇总和分析，成功赢得了预警时间。除了利用大数据和人工智能技术监测预测地震外，我们还有很多在其他领域的应用，例如对空气、水质的监测治理等。

根据世界卫生组织的调查，每年死于空气污染的人数高达 420 万。想要治理空气污染、提升空气质量，首先需要做好空气监测。高密度、全覆盖的小型大气监测传感设备铺设到城市的各个监测点，结合气象、卫星遥感、电力系统等数据，智能化的监管网络可以做到有的放矢地溯源污染，多维度地展示空气污染指数变化，判断污染严重的地点，捕捉分析造成污染的因素，经过大数据算法的快速分析，提供准确的决策判断和精细化治理的建议，这样科学智能化的监测可以解决传统效率低下的问题。基于深度的机器学习，大气监测系统建立了丰富的大数据模型，可以模拟和预测大气环境，例如预测未来几小时的 $PM_{2.5}$ 数据变化，判断城市的能见度，做出预警决策；定位可能的污染来源，自动识别地理位置、自动分配监管任务，实现高效治理。机器学习技术帮助人们高频率地收集大气信息，并同时计算大量数据，智能化管理设备，定期自检、报修、维护，节约了大量的人力物力成本，降低了工作人员的日常管理难度，辅助工作人员掌握更大范围的运维状况。

大数据技术让大气监测更高效、更准确、更全面，在水质监测中也同样如此。在传统的监测方法中，人工收集分析数据既耗时耗力，又无法全面大范围地采集数据。当人工智能技术应用于水质监测后，工作人员将巡航水质监测设备放入海洋、河流、地下水等环境中，即使是一个小小的方盒，也能够到达许多人力不可及的地方，高效全面地收集数据，实时准确地传输到大数据平台，通过大数据系统自动对信息做出判断，进行准确快速的测试，并形成可视化的监测报告。通过简单图表展示分析结果，工作人员无须专业知识也可以对水质情况进行解读，辅助进行管理决策。人工智能提高了人们观察环境的能力，并将自然数据转化成有用的信息。我国多个地区结合了大气监测、水质检测等建立环境大数据中心，通过人工智能数字模型，精细化环境监管，强力驱动污染治理，模拟评估环境政策的实施效果，实现 AI 助推生态环保，促进经济与自然高质量协同发展。

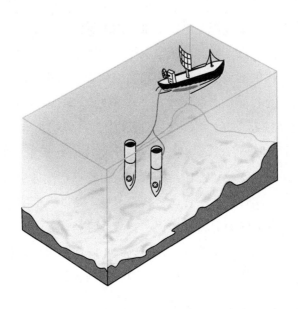

　　人工智能的优势在灾害预测和应急中有重要体现。环境数据中心实时监测环境数据可以提高人们预测灾害事件的能力，例如根据降雨量预测北方干旱的发生；通过监测风力等预警南方台风，并通过事前事中事后的数据监测判断台风走向、等级变化等，预测哪些地区的灾害更严重，判断哪些防御措施失败率更高，判断危险地区的分布，并据此制订应急预案，辅助相关部门管理人员科学决策。例如，国外一家公司运用了人工智能技术对国家的每一片森林进行测绘，考虑树木的种类、大小、生长情况、可燃性等，结合遥感信息、空气湿度和地面数据，精确绘制智能地图，通过机器学习算法找出森林大火高发区域，提供实时不同火灾等级的森林地图，为管理人员建议干预措施，提醒设置防火屏障，降低火灾发生概率。当灾害发生时，高效的数据收集和分析能够帮助人们第一时间掌握情况，数据中心可以随时有条理地进行正确部署，通过算法进行资源匹配，及时传递信息，将救灾资源安排到最需要的地方，同时还能够帮助普通人更快地逃离危险地带。无人救援设施可以判断高风险地区，避免救援人员的无谓牺牲，并代替人类进入灾害现场寻找、协助被困人员。在灾后恢复的工作中，智能算法可以高效准确地安排任务，简化灾区重建的流程，并对灾害事后数据进行评估，优化决策系统，为提升监管质量奠定基础。

2030 年实现碳达峰，2060 年实现碳中和。这是我国建设生态文明需要完成的重要战略任务。大数据和人工智能技术能够有效助力达成"碳达峰、碳中和"的目标。政府大数据中心可以通过整合环境、气象、工业、交通等多领域的数据，利用机器学习、知识图谱等人工智能技术为高耗能的场所提供智能解决方案，结合大数据技术和专家经验，建立碳排放数据体系，优化各行业能源消耗方式，提高效率，推动节能减排，助力全方位向绿色转型。

从种植到管理到收获，人工智能在农业中的发展也一片光明。通过机器视觉和深度学习，用大数据技术建立的模型可以对收集到的大气、土壤等数据进行科学分析，判断适合种植的农作物品种、

种植时间等，精准控制农业资源的投入，并在农作物生长过程中，实时监测气候信息，预测农作物产量，根据土壤健康状况分析种植的可持续性，预警病虫害，判断什么时候、什么地方使用什么肥料和杀虫剂，减少不必要的投入，提升农作物的品质，提高农业生产效率，助力农民增收，并满足人们对农作物安全、营养的追求。在温室农作物的运用中，AI可以进行自然环境的智能模拟，保质保量地进行温室培育。我国的智慧农业发展正在进行中，未来人工智能技术在农业中将发挥巨大作用。

2.7.2 人与动物

1. AI是宠物翻译器

随着物质条件的提升，面对快速的生活节奏，饲养宠物越来越多地成为人们调节压力、寻求慰藉的选择，宠物逐渐成为许多人家庭中的重要成员，是很多人生活中不可或缺的陪伴。那么在与宠物相处时，我们如何能正确地当一名合格的"铲屎官"呢？人与人之间的相处需要互相了解、沟通交流，人宠互动也不外如此。在电影《一条狗的使命2》中，"狗老大"可以听懂主人的话，主人也能通过"狗老大"的表达认出经过多次轮回的它，顺利帮助狗狗完成使命。但在现实生活中，我们和宠物可能都无法像电影角色一样"聪明"，真正做到沟通思想。谁能来做人与宠物之间的翻译呢？为了解决人与宠物无法听懂彼此语言的问题，美国资深动物行为专家斯洛波奇柯夫教授通过对草原土拨鼠几十年的研究，用人工智能软件记录它们的叫声，对其分析并翻译成英语，之后他提出了宠物翻译器的猜想，他认为今后人们可以使用类似的装置实现与宠物的对话交流。随着AI技术的发展，宠物语言翻译器应运而生。有关猫的翻译器除了将人声转换成"猫语"外，还可以根据猫叫声判断它的情绪，帮助我们读懂猫的心情，不仅可以帮助我们更好地了解猫、与猫更亲密地交流，还可以成为我们与猫玩耍的一大利器，让人与猫共同体会互动的乐趣。

在方法上，宠物翻译器和智能翻译一样，都需要有大量的数据采样，然后通过提取样本语言特征，形成语言模板，并对模板进行分类和判断，从而达到语言识别的目的。和人类之间智能翻译不同的是，宠物翻译这种跨物种的交流往往要结合行为动作，进行图像（如动物行为）和语音的交叉识别，对技术要求更高。在目前的数据样本量和识别分析技术水平下，宠物翻译器的准确率有待进一步的提高。不过目前可以确定的是，AI 在人宠互动上的应用价值是可观的，除此之外，AI 技术在其他人与动物相处的场景下也有很强的实践意义。

2．AI 助力动物保护

人工智能技术的发展有利于人类与动物真正地和谐相处，在技术的帮助下，我们更加了解动物，并且在动物保护中取得更积极的进步。

AI技术可以帮助我们给宠物建立个体档案，加强对流浪猫、流浪狗的管理，有效保护宠物生活，减少遗弃、虐待宠物行为的发生；在动物园管理上，通过安装设备进行语音识别和分析，人们可以精准识别动物叫声和行为的含义，科学喂养动物，预防动物在长期封闭环境下出现抑郁等心理疾病；在导盲犬、军犬的训练中，AI能帮助训练师与动物进行有效的交流。

AI技术赋能动物保护领域还使得野生动物保护工作的质量、范围、效率得到了巨大提升。在东北虎的监测保护中，国家相关部门和高校合作开发了大数据监测平台，对濒危猫科动物进行个体识别和生活状态观察，有利于对出现异常情况的东北虎等进行及时的救助，预防盗猎现象的发生，并建立电子围栏监督巡查工作人员的行动轨迹，同时防止东北虎离开保护栖息地；在野生大熊猫保护区，AI智能识别技术的应用帮助建立野生大熊猫的个人档案，大大提高了对大熊猫种群分析的效率，解决了巡护队无效管理的难题；在野生动物保护区内，AI技术可造福更多的动物行为研究，帮助人们观察检测野生动物的生存状态，有效应对气候异常、偷伐偷猎等对野生动物的不良因素，使得研究人员可以在远程条件下直接开展保护工作，更好地保持栖息地；在原始森林地带，AI语音识别可以捕捉野生大象的求救信号，有效防止偷猎行为，并在例如森林大火等灾害发生时，提醒动物出逃，降低灾害损失。

2021年6月云南的15头大象一路北上迁移，这一现象引发了社会各界的广泛关注和讨论，相关部门一路采用无人机监测大象动态,实时布置监控,保证大象的正常活动和附近居民的安全。网友们纷纷表示,如果能听懂大象的语言,知道它们的想法和目的就好了。人工智能和大数据技术能够帮助我们有效掌握大象迁移进程,分析可能的移动路线,辅助制定相应的措施。尽管技术已经提供了诸多便利,但仍然还有发展进步的空间,未来在分析动物行为语言上还可以做到更精准更直观,完成如网友们所说的听懂大象"说话",让人与动物更加畅快地沟通交流。

3. AI 发展智慧畜牧业

我国是一个畜牧业大国。尤其在生猪养殖业,我国的养殖数量在国际上名列前茅,但是养猪成本却远高于美国等发达国家,主要原因在于美国智能化农场的普及大大降低了人工成本。2018 年,阿里、京东纷纷宣布利用人工智能技术进军养猪业,AI 技术为该行业带来了令人惊喜的改变。

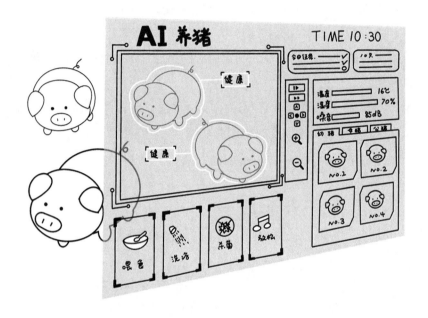

AI 养猪可以做到对每头猪识别和标记，记录每头猪进出农场的行为，"猪脸识别功能"相当于给每头猪绑定个体身份证，防止猪在外出过程中被调换成其他品种。另外，AI 养猪常用的设备之一是智能传感器，这是一款升级版的"宠物翻译器"，它装在猪栏里，可以实时监测猪的生理状态，实现多种功能，如记录猪的体重，保证科学的饲料用量，实现精准喂养管理；实时记录猪的体温、叫声、走动频率等，判断猪的状态是否健康，是否发情、怀孕等，提高管理效率和生产效率。在传统的养猪模式中，猪的生理状态都是由养殖人员在检查过程中人为判断，并不能及时对猪的异常进行处理，但在 AI 技术的帮助下，则能够及时对可能染病的猪进行识别和处理，有效地控制传染疾病的蔓延，并且减少了与猪的直接接触，提高了安全性，降低了猪瘟的发生率；在母猪的管理上，AI 技术能够更加准确、快速地发现怀孕母猪，科学制定喂养方案，增加养殖产出；通过智能传感器养殖人员可以分析猪的行为，判断猪喜爱的环境状态，有助于科学通风、调温，促进猪的生长发育。

AI 在畜牧业的应用实践使得牲畜和家禽可以向人们"表达"它们的需求，帮助人们更好地对养殖场进行科学、智能化管理，在提高生产效率的同时，降低传染疾病的发生率。

2.7.3 人与自然的未来畅想

森林说，我西部的植被太茂盛了，可以来采伐但不要过度开发啊。海洋说，我的体温适宜，欢迎你们下海游玩，但别忘了带走垃圾哦。藏羚羊说，我最近碰到形迹可疑的人，你们保护区的工作人员要多加注意呀……未来有一天，我们和大自然都"戴上"了人工智能翻译器，是不是就可以和大自然平等、友好、通畅地对话呢？人工智能可以帮助大自然用数据说话，人们能够通过技术来倾听和解读大自然，促进人与自然和谐相处。在未来的持续发展中，我们将继续致力于用 AI 技术促进自然环境保护，营造更美好的地球环境。

第 3 章

工作：行业中的大数据

3.1 金融大数据

随着计算力的强化和算法的突破,人工智能技术让更多的数据能够被应用到金融行业,催生了包括智能投资顾问、量化交易、消费金融等新业务模式。在人工智能带来创新的金融业务中,与我们的生活相关的主要是信贷和股票交易。

3.1.1 我的信用值多少钱

在办理信贷业务时,消费者常常需要向金融机构提供各种各样的信息,比如个人身份信息、收入信息、消费信息,甚至社交账号。我们难免好奇,大数据是如何帮助金融机构收集并处理我们的信用信息呢?

支持金融行业大数据收集的一项重要技术是 OCR(Optical Character Recognition,光学字符识别)技术——通过扫描将票据、凭证等文件转换为图像,再利用文字识别技术对图像进行自动识别得到文本。利用 OCR 技术将一张票据转换成文本只需要 0.01 秒,而人工转换至少需要 15 秒。这项技术帮助金融机构实现了凭证的自动识别和处理,为数据的快速积累奠定了基础。以银行业务为例,各种身份证件的识别、银行卡的识别等大量信息的录入是日常事务,人工处理会导致等待时间很长,而利用机器自动完成证件核验、判断、盖章等环节,可以大大提升业务处理速度。原来需要几个月的业务审批现在只需要几周,从而给予客户更好的体验。

除了帮助金融行业提升业务效率,大数据技术的发展也带来了新的业务模式,其中最具代表性的是美国 FICO 评分系统,以及中国的芝麻信用分、微信支付分等新型信用评估方式。信用评分，是指机构根据客户的历史信用数据，采用统计学模型计算信用分数，预测客户还款的可能性，以决定是否批准贷款及确定相应的贷款利率。

1989 年，美国 Fair Isaac and Company 最早推出的 FICO 信用评分系统，现在已经成为美国最常用的消费者信用评分机制。FICO 信用分以 5 类数据为基础对客户进行信用评分：还贷历史（Payment History）、贷款总额（Amounts Owed）、信用年限（Length of Credit History）、贷款类型（Credit Mix）、新开贷款账户（New Credit）。

利用大数据进行信用风险控制的更典型的案例是 Capital One。Capital One 创立于 1988 年，以数据化思维指导其信用卡产品的设计、销售和风险控制。基于用户数据，Capital One 对用户进行细分，通过设计不同种类的产品进行测试，并对用户的消费和还款数据进行分析，以此识别真正能够带来利润的客户。Capital One 还会分析用户与客服沟通的频率和内容，对用户提问的内容形成预判。在风险控制方面，Capital One 利用官方征信数据、用户社交网络数据以及各种违约记录，每个季度更新数据模型对客户风险进行评估。

芝麻信用分和微信支付分的计算也是基于同样的思路。芝麻信用分的计算主要是基于客户的电商平台交易数据以及互联网金融数据，包括信用卡还款记录、网购交易记录、支付宝转账及缴费记录、理财记录、社交关系、租房信息等大量交易数据和行为数据，对用户的还款能力进行评估。微信支付分的计算则是基于用户身份特质、支付行为、信用历史这 3 类数据进行建模。身份特质主要指用户的实名信息及个人基本信息完整度；支付行为包括使用微信支付的消费历史；信用历史则包括用户的履约和负面行为次数。

新型信用评估机制对个人贷款业务产生了重要的影响，催生了一批新型贷款产品。相比传统金融机构在贷款时要求提供抵押等担保，使用这些产品不需要抵押和担保，也不需要提交纸质材料，产品后台基于大数据和算法决定是否对客户进行授信，最快可以在一分钟内完成贷款审批，大大减少审批环节，能够吸引更多用户。

此外，大数据技术可以帮助金融机构提升精准营销的能力。花旗银行基于客户的个人基本信息、信用卡消费数据等，以及报刊、报告等显示数据，结合自然语言处理技术和机器学习技术，分析客户需求并进行投资风险评估，在统计分析的基础上对客户进行个性化的产品推荐。花旗银行还会根据消费者刷信用卡的位置和时间数据，结合其过往消费历史，进行实时优惠信息推荐。例如，一个消费者在午餐时段在商场进行刷卡购物，根据消费者过往的餐厅偏好，花旗银行会即时推送附近餐厅的优惠信息。银行的系统还会根据推送得到的反馈进一步对算法进行优化。

更重要的是，大数据技术可以帮助金融行业进行欺诈侦测，减少诈骗行为。以信用卡交易为例，当我们在商场刷信用卡购物时，银行会收到交易请求。银行需要在极短的时间内辨别这笔交易是否属于欺诈或盗刷，并决定是否批准。辨别所耗的时间过长会导致用户不满，但是如果不加甄别则会导致欺诈或盗刷频繁发生，让银行和客户蒙受大量损失。传统的反欺诈侦测主要依赖征信数据等由公共部门提供的数据，缺乏即时性，往往难以进行风险预警。当前，金融机构可以利用大数据技术，将交易记录、社交数据、移动通信数据等多个数据源进行关联，通过大数据技术分析，实时侦测异常行为，实现高频率、跨场景的监管甚至预警。

3.1.2 大数据可以帮我炒股吗

近年来，"黑天鹅事件"一词频频见诸媒体，它通常指具有重大影响的、难以预测的小概率事件，如"泰坦尼克号"沉船、2011年日本福岛核电站事故、2009年欧洲债务危机等。黑天鹅事件给世界带来了极大的冲击。在充满不确定性的环境下，预测未来对人类而言具有极大的诱惑力。在金融市场上，准确的预测更是意味着巨大的收益，如果能够预知明天的股价，投资者可以说是稳赚不赔。股价是否能够被预测？近百年来，无数人试图解决这个问题。

从本质上看，股票价格反映了公司的内在价值。内在价值的确定需要很多信息，包括公司股价的历史信息、公司的运营状况、公司的发展前景，以及任何与公司价值有关的信息，在研究中通常假设股票价格围绕内在价值波动。总而言之，股票价格和信息有密不可分的关系。

常见的预测股票价格的角度有两种，第一种被称为"技术分析"，通过分析股价走势预测股价；第二种被称为"基本面分析"，通过分析公司的运营状况、所处行业的前景等因素，确定股票的内在价值。这些预测是否真的有用呢？

早期研究认为，股价预测是不可实现的。其中最具代表性的观点是随机游走模型和有效市场假说。1953年，英国统计学家莫里斯·肯德尔借助计算机分析股票价格的波动模式，发现股价的波动并无规律可循，而是随机的。1964年，奥斯本的研究进一步支持了莫里斯的观点。他在论文中把股票市场的价格变化等价于粒子的布朗运动（粒子在流体中的随机运动），并为此提供了数学证明。如果确如奥斯本所证明，股价的变动是随机的，那么所有的技术分析预测都失去了作用。因为技术分析的重要基础假设是市场会重复过去发生的事情，而随机游走过程不存在有规律的重复。

1965年，在随机游走模型的基础上，尤金·法马提出了有效市场假说。尤金·法马认为，在有效市场中，所有的信息都是公开的，每个投资者都是理性的，他们能够正确理解信息并根据信息进行交易，这使得股票价格能够及时、有效地反映一家公司的价值。也就是说，一旦有新的信息出现，股票价格就会立刻变动，投资者没有机会进行低买高卖，也就没有机会赚钱。因为当下的所有信息都已经反映在此刻的股票价格中。要想知道明天的股价，就需要知道明天的信息，但我们不可能在今天知道明天的信息，因此股价无法预测。

如果随机游走模型或有效市场假说成立，那么股价的预测就是不可实现的，但是现实并不完全遵循模型或假说的假设。首先，市场上的投资者并不都是理性的，其中大量投资者不是专业人员，他们对公开信息的理解可能会有偏差，决策时还会受到情绪影响。研究表明，投资者在面对损失时，更可能选择冒险而不是及时止损，这与"投资者都是理性的"的假设不符。此外，信息不是完全公开透明的，也不是均匀分布的，并不是每个投资者都能及时得到同样的信息。

大数据的积累和算力的提升为股价预测带来了新的机会。计算机可以处理历史数据、实时数据、基本面数据等各类数量巨大、结构复杂的信息,提取其中有价值的特征,并通过数学模型寻找股价变化和某些特征的相关性。也就是说,计算机程序帮助我们在大量数据中寻找股价变化的规律,这些规律不需要解释因果关系,只要从实时数据中观察到同样的模式,就可以利用相关性规律进行预测。

随着可用数据逐渐丰富,用于预测股价的数据不再局限于历史交易数据、实时交易数据和基本面数据,更多非传统的数据被加入预测模型中。

其中非常具有代表性的,是搜索行为数据。2014 年,中证指数公司、广发基金公司与百度公司合作编制了"中证百度百发策略 100 指数",在利用传统数据的同时,利用百度金融的用户搜索数据,将股票最近一个月的搜索总量和搜索增量纳入股票的选择中。利用用户的搜索数据进行股票预测并非异想天开。随着互联网的普及,网络搜索成为股民获取股票信息的重要方式。有研究发现,中小投资者更可能买入引起他们注意的股票,足够多的买入量则会带来股价的上涨。因此,通过分析网络搜索数据,我们可以发现市场热点以及市场对新信息的反应,从而对股价进行预测。

在搜索行为数据的基础上,有的研究人员尝试将投资者的情绪应用于股价预测。投资者的情绪包含着丰富的信息,一方面,情绪是投资者对各类信息认知的结果,并反映在投资者的行为中;另一方面,投资者的情绪会相互影响,在群体的力量下,投资者情绪可能对市场产生明显的影响。因此,情绪类数据对股票价格的预测有一定作用。2018 年,北京大学国家发展研究院和百分点公司合作,在全网范围搜集了 2008 年至今能够反映金融市场个体投资者情绪的文本数据。首先选取样本，对文本情绪进行人工标注。再利用深度学习方法训练分类模型，并应用到所有文本中，构建了"投资者情绪指数"。情绪指数一方面能够反映投资者对市场事件的情绪反应，例如情绪指数的最低点对应着2015年的"熊市"，次低点对应着2016年试点熔断机制，另一方面包含着投资者对市场的预期。此外，我们还可以对情绪指数进行跨行业比较，以选取更有前景的行业。

此外，卫星图像的数据也可以被用于市场预测。美国RS Metrics公司专门通过分析卫星图像为投资者提供市场预测分析。美国一家生产铝制门窗的公司找到RS Metrics，他们需要长期大量采购原料铝，但是近期铝价格的波动导致该公司的原材料采购成本上升，他们希望找到更好的策略来预测铝的价格。RS Metrics利用卫星图像数据，实时跟踪全球铝的生产和存储情况，搜集库存面积、运货数量等数据，并把这些数据用于预测铝的价格走势，帮助公司重新设计了采购和期货对冲策略，大大降低了原材料采购成本。

越来越多的金融机构在对股票市场的分析和预测中尝试利用新型数据，包括手机实时位置数据、信用卡消费数据等。和传统的财务数据、经济数据相比，大数据意味着多样性和即时性，可以为投资者提供更立体的信息，这些已经产生的信息还没有被反映到当前的股票价格上，但是未来会引起股价的变动，其中的时间差给了投资者预测股价的机会。利用大数据预测股价，本质上是利用更多样的数据，获得尚未被大多数人知道的信息。未来，如果市场上的每一个投资者都拥有同等的大数据获取能力和信息处理能力，信息差将不复存在，预测股价也就失去了意义，最终实现尤金·法马所说的"有效市场"。

3.1.3 展望

未来,大数据技术的发展会让征信评估更加准确、透明和完善,失信行为和欺诈行为会被及时甄别和处理。金融市场是一个长尾市场,基于准确、完善的信用数据和行为数据,金融机构不再需要大量人手进行客户关系维系,人工智能"大脑"可以帮助机构快速进行用户识别和精准推荐,节约大量的人力成本。此外,数字化也会带来金融服务的"线上化",也许未来在线下网点排队的现象会彻底消失,因为所有的服务都能在线上完成。

3.2 政府大数据

人工智能和大数据技术的发展,使我们可以更好地认识世界、感知世界,也让我们的生活变得更加便捷:我们可以用更少的时间选到心仪的商品,可以利用碎片化的时间快速浏览我们感兴趣的内容,可以创造个性化的居住场所,可以更方便地获取外界的帮助,等等。除了这些,人工智能还可以在工作上给予我们极大的帮助。在这一节,主要介绍政府大数据如何辅助政府部门的工作,为我们创造一个更加安全、舒适、便利、环保的社会。

3.2.1 智能助手,助力高效工作

对政府部门而言,人工智能可以作为智能助手帮助工作人员完成工作,极大地提高他们的工作效率和质量。政府工作头绪纷繁,涉及财政、公安、科学、教育、文化等多个方面,需要不同机构以及部门协同合作。相比于人脑,计算机拥有更大的记忆存储空间和更强的信息处理能力,可以快速处理海量的信息,快速准确地传递

信息。此外，基于人工智能的特性，应用人工智能技术将极大地提高政府部门的工作效率，从而更好地为人民服务，推动国家发展。接下来，我们将从4个方面具体介绍。

首先，政府的日常工作包括许多有既定规则和流程的工作，如整理会议纪要、整理材料、录入信息等，利用语音识别、语义分析、机器翻译等技术，我们可以高效地生成会议纪要。随着技术的发展，即使会议中出现了多门语言，我们也可以将其迅速、准确地整理成需要的语言和格式；通过图片文字识别、语音识别等技术，我们可以快速获取电子版材料信息并整理成有规律、有结构、便于分析的形式。此外，通过对海量文书的"学习"，人工智能可以帮助我们校订信息，提高工作效率。在考勤记录、工资发放等事情上，人工智能也可以发挥作用，减少人员冗余，提高工作效率。

其次，社会是一个协同发展的整体，不同的部门负责不同的业务，部门之间的信息共享对于社会发展而言十分关键。很容易想到，水资源对于工业部门和农业部门而言都是至关重要的，如果双方可以获得对方的用水信息和调度计划，在水资源调度和水污染治理方面都会更加高效；人口普查数据对于教育部门、卫生部门而言也极具价值。在这次新冠疫情中，政府利用手机通信数据判断个人是否到过中高风险地区，通过可视的行程卡呈现，为疫情防控做出了巨大的贡献。然而，当前我们还没能建立全平台数据的共享机制，其中存在数据收集的标准不统一、相关机制不健全等问题。针对此现状，国务院在2016年印发《政务信息资源共享管理暂行办法》，为了加快推动政务信息系统和公共数据共享；发改委在2020年发布《关于加快构建全国一体化大数据中心协同创新体系的指导意见》，为了进一步促进新型基础设施高质量发展，深化大数据协同创新。在信息共享平台及共享体系的建设过程中,大数据及人工智能技术可以发挥巨大的作用,通过为每个人、每家企业、每栋建筑物等设置各个部门都可以识别的身份信息,利用大数据技术存储量巨大、运算速度极快的特性,我们可以迅速实现不同部门收集信息的匹配和合并,让数据创造更大的价值。此外,通过将数据以密文方式存储,为不同账户设置独特的加密方案等方式,大数据技术可以帮我们提高信息存储的安全性,更好地保护个人隐私,保障数据安全。

再次,大数据及人工智能技术可以帮助我们深度调研,收集大量信息,进行深入分析,为政策的科学制定提供充分的依据。我们都知道,政府工作非常重要,需要统筹各类资源以更好地服务大众、推动社会发展,每一项政策的制定都需要借鉴已有的先进经验,需要有翔实可靠的依据。而经验都来源于实践,我们需要充分调研,得到最真实确切的数据,了解问题到底是什么,困难在哪里,才能有针对性地提出建议,制定出惠及大众的政策。人工智能可以帮助我们存储、分析通过调研得到的海量数据,聚焦老百姓关心的问题,发现当前政策的不完善之处,挖掘不同因素之间的相关关系或者因果关系,为政策的制定提供充分的依据。

最后,在政策实施效果的评估方面,人工智能同样可以提供非常大的帮助。社会是不断向前发展的,我们的生活条件、社会环境每天都在变得更好,这就意味着相关的政策不可能是一成不变的。政策的实施是有成本的,需要大量人力、物力、财力的投入,每一项政策都需要适时根据当前的社会状况评估实施效果。大数据技术可以用来实现这一目标。通过对已有政策及其实施效果建立模型,我们可以探究是何种因素影响政策的实施效果。通过合理的假设,将当前社会现实状况代入模型中,可以预估政策的实施效果。这将帮助我们制定更切实有效的政策,少走弯路,降低政策实施的成本,更好地助力社会发展,服务人民群众。

当然,人工智能可以帮我们做的远远不只于此,拥有人工智能协助的政府机关部门可以作为智能指挥中心实现在全城范围甚至全国范围的人力、警力调度,资源分配,使各个部门真正协同起来,提供更好的公共服务。

3.2.2 智能指挥中心,整合资源调配

我们的城市乃至国家想要向前发展,必须有各种资源的合理投入,实现资源的最优配置是理想的状态,如何调配人力资源,如何合理分配医疗资源,如何合理选择基础设施的地点,等等,需要大量的调研和计算。通过对大数据和人工智能技术的应用,政府可以成为智能指挥中心,从而合理进行资源的调配,更好地开展规划,让人们的生活更加安全、舒适、便利。此外,政府对能源的统筹规划可以减少能源浪费,降低污染,有利于国家绿色、可持续地发展。在 AI 的协助下,城市将成为一个"智能生态系统",城市中的各个方面将在海量的数据和强大的计算能力的帮助下高效运转,使城市整体的福利达到最大化。

交通是经济、社会发展的命脉,合理、有序、通畅的交通系统有利于居民通勤、物资运输,也有利于提高人民的幸福感。有了人工智能的帮助,我们在路线规划、道路建设等方面都可以有极大的提升。

我们时常会碰到这样的情况:在某一条道路上,只要遇到一个

红灯，就一路都会遇到红灯。在大数据与人工智能的帮助下，通过将周围的居住状况、交通状况、不同时间段的人流量情况等纳入考虑，我们的红绿灯设置将变得更加智能，我们可以看到显示精确到秒的等待时长。比如，路口周围老年人多、路口附近有学校或者大型商场时，相应方向的绿灯时间会相应延长，出行高峰和非高峰时间段红绿灯的设置也会做出相应的调整。总而言之，我们的红绿灯设置将更加人性化，更加贴合百姓的出行需要，有利于缓解交通拥堵，提高出行效率。另外，导航软件也为我们的出行提供了极大的便利，这不仅体现在导航软件可以为我们提供正确的方向，而且通过对交通信息的分析，还可以为每位用户规划最不拥堵的路线进而提高整体的交通效率。此外，导航软件还可以通过对停车场的视频监控资料进行分析，指引用户找到有空余车位的停车场，节约搜寻停车位的时间成本。春运期间，交通运输部门也充分利用大数据技术优化火车、轮船、飞机等交通工具的线路和时间安排，加大重点地区的运力投放，确保居民可以顺畅地回到家乡。在未来，随着自动驾驶技术的成熟，相信我们可以通过对所有出行信息的分析，为每一辆车规划畅通无阻的最优路线，为每个人提供安全、舒心的出行环境。

教育是政府工作的重点。为身处不同地区的孩子提供良好的受教育条件，有利于国家培养高水平人才，有利于国家的长远发展。

结合我们的人口普查数据、相应的地理位置信息、周边环境数据等，我们可以更合理地规划中小学的地理位置，将师资力量合理地分配到各个中小学，为孩子提供更好的受教育环境。

对于高等教育的发展而言，大数据技术同样十分重要。通过将校内的生活设施和城市中的基础设施信息进行统筹规划，在未来高校的"校园卡"也可以成为"城市卡"，这将为在异地求学的学子提供极大的便利，也有助于城市对异地迁移人口进行管理。安徽作为试点还尝试使用大数据识别困难学生，通过对接民政部门数据，让有困难的学生不再需要开具家庭经济情况证明，这不仅简化了办事流程，而且可以更好地保护个人隐私。此外，通过实时对校园内各处的视频资料进行分析，可以及时发布图书馆、自习室是否有空座，在每一间食堂就餐大概所需的排队时间等信息，还可以监控校园内车辆的车速等，为学生提供优质、安全的学习和生活环境。最后，通过将校内和校外的信息进行匹配，可以为高中生提供关于各个学校、各个专业最新的详细资料，有助于其升学选择；也可以通过将各个学校的课程信息进行合并，使学生可以学习更多高校的优质课程，也让社会上各行各业的人可以有更多的充电机会，从而将教育资源充分利用起来，为国家提供更多优质的人才。

在公共安全方面，大数据可以帮助我们科学合理地布置警力；通过将发生的犯罪信息录入系统形成全国共享违法犯罪信息库，我们可以更有效地监控、打击违法犯罪；图像识别、文本识别、语音识别等技术在帮助警方破案方面可发挥重要作用。我们将在"公安大数据"一节中展开详细论述。

在城市管理方面，相关部门在维护市容市貌、查处违章设施、审核经营资质等方面付出了巨大的努力，为构建更加安全、和谐的城市环境做出了巨大的贡献，而人工智能在其中也起到了重要的作用。比如，在铺设地下管线、定期检查排污系统方面，井盖是重要的基础设施，但我们无法用摄像头监控每一个井盖，人力维护成本又极高，井盖的遗失会影响市民的出行安全，汽车和行人有陷落的风险，随着技术发展，现在的智能井盖应用了物联网技术，内嵌电子锁，可以有效防止丢失，而且还加入了液位检测装置，可以对排污系统的状况进行监测，这些技术的应用既保障了居民的出行安全，又节约了人力成本。

从经济发展角度来说，人工智能技术的发展是一个巨大的经济增长点，可以帮助我们完成许多标准化、流程化的工作，提高工作效率和工作质量。大数据技术可以帮助我们把许多工作做得更好，如电子商务、物流等。新的技术也为我们带来了许多新的就业岗位，带来新的经济增长点。在协助经济发展方面，大数据和人工智能技术也是功不可没的，通过对生产活动进行监测，对生产效率进行评估，对人才储备进行分析，我们可以更好地预测某地某个行业的发展前景，便于及时发展优势行业，实现产业结构升级。

比如，重庆等城市已经在这方面取得了一定的成绩；贵州也通过"政府引导，企业参与"的形式发展"一站式"旅游业服务平台，形成自身的优势产业。此外，贵州通过建立多行业工作人员信息库，对工资发放过程进行监督，有效防范农民工工资拖欠问题，确保工资发放的准确性。在2020年的新冠疫情中，大数据技术也大展身手，助力多地复工复产，河北、江苏等地创造性地对各个行业、企业的用电数据进行分析，了解复工复产情况，助力疫情防控。大数据技术的应用让我们的分析能力、可分析的信息数量迅速提升，有利于国家经济的长远、协调地发展。

在医疗领域，人工智能技术的应用带来了极大的便利。我们先来看看人工智能是如何帮助政府实现医疗资源调配的。

在2020年新冠疫情暴发之际，政府通过在全国范围内进行医疗资源的调度,为疫情严重的地区提供医疗物资与医护人员的支持,这背后离不开大数据技术的功劳。依托医疗、物流行业大数据,对医疗物资进行精准调配,此外,通过对各地区疫情和医疗资源状况的分析,国家合理地向国内不同城市委派了高质量的医疗队伍——有了大数据和人工智能技术的帮助,我们在突如其来的疫情面前可以更快地做出反应并更顺利地走出困境。

在城市内部,大数据技术的应用也有利于医疗资源的合理分配,为个人带来更好的就医体验,通过对城市中不同地区的人口结构、医疗设施情况等进行分析,我们可以更好地规划医疗机构的修建;通过将所有医院的科室、医生、挂号信息集中在一个平台上,可以帮助病人更方便地寻找、预约合适的医生,优化就医体验;大数据还可以助力药品、医疗器械的追溯及监管,在包含药品审批、日常检查、药品溯源等信息的平台,消费者可以查验药品真伪,更深入地了解药品性能,这样既可以更好地监管企业的生产,又可以提供消费者关心的信息。

在环境保护方面,绿色、可持续的发展是我们追求的目标,大数据在生态保护、自然灾害预警等方面都有着巨大的贡献,比如我们可以通过将卫星遥感技术和大数据技术结合起来,对山火进行实时监测和预警。

随着技术的发展,许多基础设施变得更加智能,比如智慧路灯。以前,无论天气状况如何,路灯总是在固定的时间打开,在固定的时间关闭,亮度也是恒定的,但现在通过对实时自然光照数据的监测,路灯的光照强度可以自动调节,路灯的打开和关闭也更加智能,这大大减少了电力损耗。

很容易理解的是，生产相同的产品，不同的企业采用的技术和设备不同，产生的能源损耗和污染排放量也不同。以前我们无法准确统计每家企业的污染排放情况，现在随着监测手段的进步和大数据技术的发展，我们可以获取行业内所有企业的生产效率和污染排放情况，还可以根据水力、风力等自然资源条件的分布，合理进行产业布局。

在人工智能的协助下，智慧的生态系统将各个部门协同起来，为人民提供便利、幸福的生活环境，在国家的统筹调度下我们也可以更好地实现环境保护、经济发展等方面的长远目标。

3.2.3　建设服务型政府，助力居民美好生活

党的十八大报告提出我们要建设职能科学、结构优化、廉洁高效、人民满意的服务型政府，强化政府公共服务职能则是实现这一目标要着重抓好的工作之一。

利用大数据技术建立平台可以解决许多生活中的问题，比如建立社区食堂，社区住户可以按需订饭并享受送货上门服务；比如提供智能预约理发、送菜、送餐等服务，方便了疫情发生时隔离的实施。这些服务都离不开利用大数据技术对各个区域人口基数、人口结构、服务供给能力等信息的分析，政府可以在此基础上建设高效的预约系统和物流系统，助力居民生活质量的提升。

此外，技术的进步也让我们可以使用许多在线平台完成之前必须现场办理的业务，比如社保查询、公积金查询、生活缴费、税务办理等，通过将个人信息、居住信息、工作信息、账号信息等多方面信息结合在一起，可让居民的生活更加方便、快捷。政府部门将

电子证件库平台、政务审批平台、银行系统、税务系统等多个平台对接，提出"一网通办""一件事一次办"等服务理念，让我们可以提前了解办理业务需要的资料，一项业务只需要一次就可以办理完成，极大地简化了办理流程。

现在许多地区开始尝试用一款软件服务百姓生活的多个方面，比如"e福州"App给福州百姓的生活带来了巨大的便利。通过使用这款软件，居民可以乘坐公交、地铁，可以完成医院的预约、缴费、检查报告查询，还可以停车缴费，等等。在未来，通过一款软件可以办理的事情会更多，在那时我们的在生活和工作将更加方便、快捷。

在居住环境方面，人工智能和大数据技术可以用来创建更加安全、整洁和舒适的环境。

比如，社区可以应用智慧门禁系统，通过图像识别技术识别小区门口的个人是否是业主，或者来访车辆是否需要登记，或者车辆有没有违规停放，小区门口的智能对讲系统可以联系到小区中的每一户人家，方便来访者的登记和进入小区，这会让社区更加安全；社区还可以建立统一的信息服务交流平台，用来发布物业通知、失物招领通知、社区卫生清理状况等；内部的智慧社区可以为我们的生活提供更多的便利，比如可以利用小区内的视频监控信息对可能发生的危险进行预警，如果发现有人一直尾随单身住户，可以向其发出预警；通过图像分析技术，还可以定位高空抛物的"凶手"；利用视频监控，判断垃圾桶有没有满，住客是否进行了垃圾分类，消防通道有没有被违规占用，已经被购买的车位有没有被其他车辆误占等，从而构建一个有序、安全的生活环境；在人工智能技术的帮助下，物业也可以提供更好的服务，如更加及时地打扫公共区域，更加高效地进行绿化管理、设备维护等，为居民打造更优质的居住环境。

在养老问题上，人工智能技术的发展使得老人不仅可以得到更好的照料，还可以更加自如地追求精神享受，获得更高质量的陪伴。

为了方便居民养老，现在已经有许多社区开始提供社区养老服务，如体检服务、医疗保健服务等，基于社区中调研、走访得到的老年人信息，通过在全国、全市范围内的统筹调配，我们可以更加合理地分配养老资源，为老人提供便利。

近年来随着大数据和人工智能技术的发展，我们的生活发生了巨大的变化。曾经每晚七点准时亮起的路灯被逐渐更换为使用太阳能的、会根据环境亮度自动调节明暗的智慧灯杆；曾经必须一趟趟跑到营业网点缴纳电费、暖气费，现在打开手机就可以轻松处理；曾经难以注意的井盖丢失、消防通道受阻等危险现在也可以轻松规避……在不知不觉中我们身处的环境已经发生了巨大的变化，生活越来越便利，环境越来越美好，在大数据的帮助和政府的不懈努力下，我们的未来也越来越值得期待。

3.3 公安大数据

大数据和人工智能在公安领域的应用始终处于前沿。为了更好地保护人民群众的生命财产安全和维护社会稳定，公安部门在信息化建设方面进行了大量的实践探索，大力实施大数据战略，缓解各种难题，提升公安工作水平，提高公安战斗力。目前，大数据和人工智能在公安工作中的应用场景已经十分丰富，包括交通出行、综合管制、刑侦、经侦、防暴安防、扫毒缉毒、人口管理等。

3.3.1 警务工作

人民群众在遇到突发状况时，可以通过一键式紧急报警系统报警，公安大数据中心会自动处理报警信息，通过互联的人口数据库进行信息查询，锁定报警群众，并通过卫星定位系统确认警情发生地点，对报警图片信息或语音信息分析得到的情况，为公安人员提供全面准确的信息，使出警的警察可以快速到达报警位置予以处理。巡逻民警和社区民警等都依托于移动警务终端，实时接收出警任务，并通过人工智能视觉识别对特殊人员进行管控。同时数据平台实行智能监督，记录案情处理情况，随时调整警力部署，推动日常警务高效完成。

在紧急救助任务中，大数据发挥了重要作用。例如在 2020 年的疫情期间，一名群众得知配偶突发病情危在旦夕，情急之下独自走上封闭的高速公路等车，属地公安局大数据中心接警后，迅速派警员予以劝阻，并通过大数据系统定位接人的车，一路联系相关部门开放绿色通道，将这名群众安全送至回家的车上。

在案件侦查过程中，公安机关利用各处安装的摄像头通过人脸识别来捕捉在逃嫌犯的行踪，于人群中锁定嫌疑人，从而不动声色地将嫌疑人一举抓获。随着图像识别技术的发展，公安机关甚至可以通过火车站摄像头的抓拍，捉拿在逃多年的嫌犯，嫌犯的面容即使变得让肉眼无法判断出来，也难逃人工智能的"法眼"。这种人脸识别和视频检索技术帮助公安破获了多起拐卖儿童的案件，成功找回失踪人口。而当人脸无法准确识别时,步态识别技术的实用性和可靠性就显现了出来。这是一种通过对人的体型、动作和走路姿态进行判断以识别身份的人工智能技术,可以远距离、全方位进行甄别和解析嫌疑人特征,即使是刻意遮掩面容,也能够被该技术从视频中捕捉到,并把嫌疑人在各个摄像头下的行踪串联起来,对于刑侦破案有重要的帮助。在案件审理过程中,大数据平台集合案情资料、审讯影像、物证口供等数据,快速精准识别关键内容,联通嫌疑人的个人数据如行动轨迹、消费记录、案底等,有效记录每一步进展的内容,帮助公安更快地找到突破口,预防嫌疑人撒谎、翻供等,助力案件的侦破。

在监狱管理工作中，公安机关可以通过无人机监视监狱内部情况，解放用于巡逻的警力，并结合人脸识别系统，连接监狱监控数据中心，在识别到任何异常状况时，都会立即报警，便于相关部门快速有效地应对突发情况。

公安机关还通过人脸识别和指纹识别技术协助政务服务，如为人民群众办理身份证、户口、出入境证件等业务。另外，人工智能技术可以自动分析互联网上对人民群众生命财产安全有害的危险言论，帮助公安机关锁定并监控相关人员，将危险活动扼杀在摇篮中；公安机关的数据与电信部门数据进行对接，可有效预防和打击电信诈骗。

3.3.2 交通与运输

在海关、铁路管理方面，将人脸识别技术与公安机关身份证数据库进行联通，可提升防控质量，比如，通过对旅客面部信息进行抓拍匹配，可锁定进出海关的重点嫌疑人物，更好地打击走私。

在公路交通方面，通过分析摄像头记录的视频，可以识别出违规车辆，追踪犯罪嫌疑人车辆等。在交通拥堵路段，可以自动识别是否有交通事故发生，从而迅速派遣警力进行处理。此外，机器人警察可以代替交警疏导交通，缓解警力不足带来的压力。

3.3.3 预警防范

大数据和人工智能可以助力公安机关在大型活动中进行智能安防。通过集成指挥控制、通信情报，连接警务平台，可实现安保系统的复杂设计,为落实安全防范措施奠定坚实的基础。人工智能设备可以代替警务人员在人员密集的地方全天候不间断地巡逻,结合人机互动、人脸识别等技术,与公安数据中心对接,可排查异常情况,一旦发现可疑人员,就会立即上报,为预警和防范提供了有力支持。

国外的大数据公司 Palantir 开发的大数据算法程序,帮助美国国土安全局甄别可疑人员,甚至在抓捕行动中提供信息支持。Palantir 还与洛杉矶警局开展了深入的合作,帮助他们建立了一个数据搜索平台,用来在日常的警务工作中高效整合工作文件、表格、邮件、图片、视频等大量数据,并通过语义分析、知识图谱等技术将这些数据联系在一起,形成一个知识网络。例如在搜索某个犯罪嫌疑人名字后,这个平台可以通过可视化手段,为警方提供一个全方位的展示图,图中的信息包含该嫌疑人的手机数据、出行信息、涉嫌的案件内容、各地区与之相关的监控图像等,有助于警方清晰掌握嫌疑人动态,提高破案效率。

我国的公安大数据中心通过多方数据的联合与技术建构,建立预警模型,可预测犯罪地点,掌握嫌疑人踪迹,有效分配警力,部署抓捕计划。

在疫情期间,公安大数据为防控工作提供了重要帮助。当有市民隐瞒自己在高风险地区的行程时,可通过公安大数据中心的分析,利用感知技术等专业手段,动态追踪疑似病例的行踪,绘制精确的行动网络,让疫情防控变得更精准高效。在面临火灾现场、抓捕毒犯等高危环境时,无人机可以代替警员进行侦查工作,并连通大数据中心,分析情况,准确分配人力,设计安全的方案,降低人员伤亡的概率。目前正在应用的警务机器人拥有智慧大脑,拥有通过大数据技术建立的知识图谱,能实现事前预测、事中执行、事后追溯一体化,为警务人员减轻负担,同时更好地服务民众,提升人民的安全感和幸福感。

3.3.4　讨论与展望

法网恢恢,疏而不漏。大数据技术和人工智能的有效应用让犯罪嫌疑人无处可逃,最大可能地释放警力,协助警方破解悬案,提升警务工作的智能化水平,提高公安工作效率,并同时保障人民群众和警务人员的安全。

未来,机器人警察的普及必将进一步推动公安工作的革新,更加智能地提供安防预案,无须派遣警力就可直接处理警情,精准打击犯罪活动,保障国家人民群众生命财产安全、维护社会治安的稳定。

【想一想】
当机器人警察全面普及,随时随地进行安保时,你认为会出现"夜不闭户,路不拾遗"的景象吗?

3.4　教育篇

大数据技术的发展与应用对教育行业产生了十分重大的影响,如教育模式转变、可满足受教者个性化的需求、传统施教者的角色受到冲击,等等。可以看到的是,基于大数据的学情诊断、个性化学习需求分析和智能决策支持,大大提升了教育品质;大数据、云储存等技术的变革对促进教学水平的提升、提高教育质量、优化教育体系都具有重要作用。在可预见的未来，大数据及相关技术将极大地推动教育行业变革，成为教育现代化中坚实的技术支撑。

3.4.1 实体课堂到云课堂：人人都能上清华北大

在技术发展尚未如火如荼的年代，教育资源尤其是高等教育资源，一定程度上来说是相对稀缺的。比如，每位学子心中都有对高等学府的向往，但能够如愿进入高等学府的人终归还是少数。而不少人尽管没有进入心仪的高校学习，但对其校内的名师、课程资源的向往是一直存在的。在当今的技术水平下，大数据可以通过赋能教育资源提供方，以保障良性合理地发展。各类公开课、线上讲座打破了上课时间与地点的限制，促进了教育的开放和发展。例如，以 MOOC（慕课）为代表的在线教育蓬勃发展给地方高校解决教学难题、深化教学改革、提升教学质量带来了新机遇。

MOOC 的教学形态和组织方式，可以让大学课堂变得更加侧重于研究性学习，是一种结合了线上视频、线下辅导、在线作业与测验等方式的全新的教学模式。同时，MOOC 强调互动性与参与性，能够提高学生自主学习和自主创新能力。尤为重要的是 MOOC 的共享与开放机制，能够打破高校间的藩篱，有效缓解地方高校优质教学资源短缺的问题，促进教育大众化发展和教育资源的合理配置。各大高校通过制作 MOOC 的方式将优质的课程资料、讲座培训从线下搬到线上，让热爱学习、心有憧憬的人哪怕坐在家里也能找到自己的精神食粮，充实自我，在家就能学习清华北大的课程，是一件非常有意义的事。另一方面，大数据推动的教育发展，让教师可以根据学生的不同需求推荐合适的学习资源和学习方案，真正做到因材施教。

除此之外，人工智能、大数据等技术还催生了很多新的教学模式，这些新模式在优化学生学习方式、提高教学影响力等方面也发挥着重要作用。双师课堂是互联网技术发展中出现的一种新的教育模式，即一名老师在一间教室授课，另外一名辅导老师在另一间教室中管理教学现场。通过双师课堂，一名老师可以同时对多间教室中的学生授课。双师课堂项目通过"互联网＋教育"的远程互动学习模式，将"内部造血"和"外部输血"有机结合起来，充分提高教学影响力，还能实实在在地帮助其他学校的学生有渠道接触到名师课堂。

人工智能技术应用在教育领域的另一个好处是帮助学生提高学习效率。不同的学生面对相同的课程，接受程度和消化程度大有不同。在传统的教育模式中，一名老师面对几十个学生，很难及时倾听每一个同学在课堂上的实时反馈，照顾到每一个学生的需求。有了人工智能工具，老师在课堂上可以分析学生的反馈，极大地提升课堂效率，学生也可得到高质量的学习体验。例如，人工智能工具可以实时分析在线课程中的各种问题，并帮助教师立即解决这些问题。假设大多数学生对某个测试问题给出了错误的答案，可能是因为问题或学习材料表述不够清晰，使得大部分学生不能理解某一个特定概念，导致答案出错。此时，人工智能工具可以标记这个问题并立即提醒老师。老师可以重新表述问题，或者对学习材料做出必要的调整。有了人工智能工具的帮助，老师在课堂上就及时发现问题，这将有助于迅速解决问题，提高学生接受知识的水平，一定会对授课效果和教育效果有显著的提升。

3.4.2 教育的个性化趋势：大数据带来的因材施教

除了扩大教育面，延展了教育的"广度"以外，大数据给教育行业带来的改变还体现在学生的学习"深度"上。大数据技术的发展对学生的学习过程和老师的教学方式带来了许多改变。第一，形成数据驱动教学范式。大数据技术可以全程记录学习者的学习过程，深度挖掘数据反映的意义与价值，并以可视化的方式清晰呈现，从而有效支持老师精准地"教"，进而指导学生更精益地"学"。第二，大数据技术改变了教学的反馈方式、反馈形式和反馈途径，使教学反馈更准确、及时、全面、智能和科学。第三，使基于大数据的学习分析技术成为教育技术的新范式，从而关注每个学习者的个性发展，实现真正意义上的个性化学习，促使教育回归本质。

首先，在教育大数据的支持下，老师逐步由教学者转变为帮助学生个性化学习与发展的指导者。学生不用再等待老师统一地传授，传统的学习管理系统将升级为智慧学习平台，这个平台能够持续采集学生的学习行为数据，还可以对学生的其他数据进行测量、收集，并进行智能分析，从海量相关的数据中归纳分析不同学生的学习风格和学习行为，进而提供定制化支持，提供最适合的学习建议，帮助学生个性化发展，提高了学习效果。个性化教育领域目前已经有很多实践，包括混合式教学、在线教育与课堂教学之间的连接与互补，帮助老师提供远程指导，搭建学生之间的交流平台等。大数据技术为每个学生建档收集、分析数据的实例也并不少见。大数据技术对学生学习行为的精细刻画，对学生学习需求的精准观察，对学生学习过程的有效引导，对学生学习结果的有益诊断，在现实中正在发挥着巨大的影响力。

例如，美国亚利桑那州立大学运用 Knewton 在线教育服务系统来提高学生的数学水平，系统通过数据分析每个学生的优点和缺点并提供有针对性的指导，两个学期之后，学生的毕业率从 64% 提高到 75%，学生成绩也大幅增长。Knewton 是世界著名的提供自适应学习方案的公司，其开发的自适应学习系统能够实时监控学生的学习过程，依据学生的学习数据推荐合适的学习路径及学习资源，也能让老师及时调整教学方案，帮助学生进入最佳的学习状态，以实现基于大数据的自适应学习。Knewton 构建了一个基于规则的自适应基础设施，它支持大量教育数据的实时处理，利用项目反应、概率图模型、记忆和学习曲线等理论或方法对学生进行精确的评估与预测，根据预测结果向学生提供可选择的个性化学习路径。为了保证连续性，Knewton自适应学习系统持续跟踪挖掘学生的海量学习数据，分析学生的学习方式、学习兴趣和学习盲点等，利用相关技术与算法将信息加以关联处理，以促进学习效果的最优化。有效的自适应学习离不开教育大数据的应用，未来的教育教学发展建立在分析与挖掘海量数据的基础之上。

其次，有了大数据的支持，传统的教师和学生交互的方式将会被改变。有人可能会记得在学生时代，老师好像总是对个别学生关注有加，而对自己的关注不足。有时候这并不是真实的情况，因为人的视角难以避免地围绕着自我展开和构建，难免觉得老师对自己的关注不够。老师的关注和青睐，有时候会成为学生更加努力的动因。在大数据技术普及以后，学生的学习情况都能被及时记录、关注，这将基于个体学生的学习情况生成更有效的学习建议。在这种情况下，教师的注意力和精力能够得到很好的解放，能够被用于更宏观、更具指导意义的工作——比如，根据全班整体的学习情况，有效地调整教学计划，或者通过数据分析更准确地识别突出的个例（如短时间内进步极快，或者一向稳定的同学突然发挥失常），总结出更具实际意义的教学经验。

最后，大数据技术下每个人都可以拥有独一无二的培养思路。人为什么需要接受教育？有人认为是为了直接获取过往积累的群体智慧，毕竟"站在巨人的肩膀上"能够让人站得更高、看得更远。通过学习，人们可以直接获得历经沉淀的宝贵知识进而寻求突破，而知识将带领人们走向更有意义的生活。在这样的思想影响下，幼儿及青少年时期接受教育成为现代人类完成社会化的一部分。也有人认为，教育的目的也许是使人朝着完备的人前进，但是教育的本质应该是挖掘个体本身的潜质，也即因材施教的思想。"因材施教"

强调要根据人不同的潜质、能力和志趣，施以不同的教育。这样的教育思想贯穿古今，而在大数据技术的发展下，"因材施教"这样一种自古以来就有的教育理念，终于有了得以更好地施行的技术土壤。大数据技术加持下的教育资源更易获取，个性化的学习反馈和方案设计得到更好的实现。

试想，一个喜欢艺术的孩子可以在线上课堂里获取到自己感兴趣的教学资料，从而不浪费自己的每一丝灵感，按照自身兴趣接受高质量的教育；一个热爱自然科学的学生可以自主选择学校的课程进行学习，而学校会根据其自选方案为其安排最合适的课程和相关辅导老师。

大数据技术的优势在于有足够的"精力"去聆听每一个学生的诉求，观察每一个学生的行为，也有海量的数据资源和不断优化迭代的算法对学生及时进行准确的反馈。

举例来说，奥斯汀佩伊州立大学的学生中有近50%是成人学习者，这使得该校的课程教学安排难于满足大多数学生的个人需求，不利于学生学业成就的提升。基于此种情况，学校通过学习分析技术建构了一个学位罗盘（Degree Compass）个性化课程推荐系统，旨在帮助学生依据自己的需求合理地选择课程。整个系统的运行过程如下：首先系统对学生的历史学习数据进行全面收集；然后从学校存储毕业学生或者高学年学生的数据库中检索查询出与该学生学业情况相似的学生数据，利用学习分析技术分析两名学生的历史成绩与课程学习之间的相关性，推测该学生未来所取得的课程学习成绩；最后与学生的专业学习要求、课程重要程度相结合，向学生提供一份个性化的课程推荐表，表中的课程推荐指数按照不同等级呈现。学位罗盘个性化课程推荐系统利用学生学习数据之间的匹配程度，帮助学生在选课阶段选出能够满足自身需求的课程，以促进学生学业成就的提升。奥斯汀佩伊州立大学基于学习分析技术建立的学位罗盘个性化课程推荐系统，实现了真正意义上的个性化教育，同时也为教育大数据在个性化教育方面的应用提供可靠的依据。

3.4.3 AI 也能当老师吗

大数据和 AI 技术对教育行业所产生的诸多积极影响，对每一个人来说都是打开了一扇充满希望的窗口，点燃了对自身和下一代教育的期待。从另一个角度来看，在未来的教育行业中，老师这个职业会被 AI 完全取代吗？教育行业关系国计民生，其高质量发展对社会经济长期稳定进步有重要的意义。AI 技术的发展是不是意味着我们不再需要或者更少地需要人们投身教育行业了？与其从对立的角度去讨论 AI 是否会取代老师，不如从教育行业细分任务的角度去讨论，什么样的工作能越来越多地被 AI 承担，而什么样的工作仍然需要，甚至更需要老师的投入，又有什么样的新工作会被大数据加持下的新教育模式催生出来？一种思路是，烦琐、重复、程式化、结构化的工作交给 AI 能更快更好地完成，但是在促进学生全面发展，进行道德教及教育关怀方面，人类作为老师依然有着不可替代的作用。在个性化教育发展的大趋势下，还可能催生挖掘学生自主学习能力、提高学生压力管理能力的相关工作。

AI 正在以全新的方式进入教育行业。很多实例证明了 AI 确实能够很好地承担部分工作，在教学效果上也不遑多让。

2019年,世界首位机器人公民、联合国开发计划署创新大使索菲亚(Sophia)获邀担任在线教育集团iTutorGroup的AI教师,索菲亚以虚拟3D形象在课堂上出现,参与师生交流互动,成为学员的学伴。同时,基于海量的数据储备和强大的运算能力,索菲亚还能针对特定知识点为学员进行答疑、讲解,扮演人类老师的助教角色。这一事件在教育行业引起了广泛关注。

2017年,教育行业曾举办过一场"人机大战"。活动招募了两组学生,一组学生由3名平均教龄为17年的资深老师进行真人授课,另一组学生则完全由企业开发的"智适应"教学机器人进行教学。在4天时间里在初中数学课程上进行针对性和集中性的教学辅导,最后客观地比较两组学生的学习效果。结果显示,"智适应"教学机器人全面超越真人教学,在最核心的平均分指标上以36.13分完胜真人教学的26.18分。从实验数据来看,AI机器人完胜了人类教师。

Knewton曾做过一个对比实验,在一千多所大学里,将不同的学生分到两种不同的班,一种班用AI系统教学,另一种班用真人老师教学,最终的实验结果是AI教的班级的学生得A率和课程通过率,远远高于真人老师教的班级学生。这也证明了AI完全有能力胜任教师的教学工作。

就算AI有很多优势,但在未来的教育行业,老师也是很难被AI替代的。原因在于教育非常特殊,它有"教"和"育"两部分内容。"教"指知识传递,教授学生各种科学知识,这部分工作AI基于其丰富的资源库存和对学生个性化的剖析,或许可以比人做得更好;"育"指品格培养,鼓励学生去探索未知,去发现、去创造、去爱，做这部分工作很难被 AI 所替代。举例来说，在初等教育中非常重要的一课叫作"思想品德"。思想品德，以及相关的价值观和世界观，仅仅通过学习书本内容学生是很难理解和接受的。品德教育或者说美德教育，没有放之四海而皆准的客观标准，不像数理化等科学知识可以通过公认的标准判断对错。品德教育需要的是深度的师生互动，思想碰撞，情感交流，老师只能通过引导，帮助学生对世界形成自身的道德观、价值观。

2018 年，BBC 基于剑桥大学研究者的数据模型，分析了 365 个职业在未来的"被淘汰概率"，结果显示，教师这个职业被机器人取代的概率仅为 0.4%，而房产经纪人、保安、人事、客服等均高于 85%。不止数据统计分析，大量权威研究机构及名人的言论都表明教师这个职业很难被人工智能替代。教育不是流水线作业，学生也不是流水线上的产品，无论技术如何发展，老师的言传身教、面对面的沟通交流都是育人必不可少的环节。

"师者，所以传道受业解惑也"，老师除了要教授学生知识外，还有更重要的使命，就是"育人"，老师拥有人工智能所无法替代的人的特质，在教育中发挥着榜样的力量，会影响学生的素质和修养。而在教育中，老师是富有感情和智慧的主观能动者，会在潜移默化中将优秀的个人品质融入教育过程，营造春风化雨的环境言传身教。除了在学生心中的榜样力量和主动对学生施以影响，在漫长的校园生活中，老师还将给学生提供丰富的情绪价值。除了课堂上的知识学习，课堂之外，学生对老师也有着天然的依赖，当学习遇到困境，同学之间的交往出现问题甚至和家人的相处出现危机时，学生往往会寻求老师的帮助。和学生谈心、解开其心中之惑，也是促进学生身心健康发展的关键环节。在这样的环节中，如果缺乏老师的参与，仅仅面对冰冷的 AI，学生受到的教育和帮助注定是残缺的。

此外，AI 在初级教育或者说知识传授中大有可为，却存在缺乏创造性的弊端。AI 可以教会学生怎么用数学公式解题，但很难跳脱既有方法的框架，发明出新的解题方法。这里以大学教育为例，在本科教育乃至研究生教育中，理论知识的传授仅仅是导师教育工作中很小的一部分，更多的是在与学生的讨论中培养学生的学术兴趣，在思维的碰撞中产生全新的火花，从而使得学生在学术研究的道路上走得更加顺利，创造出全新价值，为全人类的知识图谱做出新的贡献。

3.4.4 结语

对于老师来说，或许人工智能是得力的助手、有益的辅助，是部分的"解放"，而非完全的"替代"。另一方面，未来一定是"人机共教"的时代。人工智能取代不了老师，但不会使用科技手段的老师必将被取代。

3.5 制造业大数据

在第四次工业革命的到来之际，中国制造业也吹响了提升数字化水平的号角。基于物联网、大数据、人工智能、虚拟现实等突破性技术，无人工厂、无人车间已经不再是幻想，从产品的研发、生产，到供应链，全流程的智能制造正在成为现实。

3.5.1 大数据技术如何帮助产品研发

大数据技术可以帮助企业在研发过程中分析用户的行为和需

求,从而开发更有针对性的新产品。福特福克斯的第一代电动车会向研发中心回传客户的行驶数据、充电数据、电池数据等大量和用户驾驶、充电行为有关的信息。利用大数据分析技术,福特的工程师可以分析用户的驾驶习惯,从而在研发第二代电动车时优化各种设计。此外,这些数据还可以提供给电力公司进行充电桩位置的规划。

劲牌公司的数字化产品研发也非常有趣。劲酒采用了数字提取技术,通过记录药材的产地、年份等信息,用指纹图谱技术对药材进行识别和成分提取。在酒曲制作过程中,建立菌种库进行智能酿造。也通过大数据技术,用二维码、小游戏等方式与消费者互动的过程中了解消费者的需求和偏好,进行有针对性的业务创新。

更典型的利用大数据进行产品创新的例子是小米手机。小米手机在产品设计过程中,消费者的参与是不可或缺的环节。在最初小米手机系统 MIUI 的设计中,就有小米发烧友的参与,小米工程师根据他们的反馈意见不断改进,大大提升了产品的口碑和使用体验。在用户需求变得更加个性化的当下,小米与京东合作,通过京东的消费者行为数据,利用大数据分析技术深入了解用户特征和需求,将产品目标客户定位为"女性,受教育程度较高,追求理性和科技"。基于这个结论对产品进行更新,升级 CPU 性能和 AI 算力,推出了广受好评的新产品 Redmi K30 手机。这一过程就是"反向定制"(C2M,Customer-to-Manufacturer),利用大数据技术分析消费者的偏好和需求,根据分析结果研发产品。

3.5.2　大数据技术如何帮助产品生产

在生产过程中,大数据同样可以发挥重要的作用。各类传感器可以被安装到生产线上,实时监测温度、振动、压力等多项指标,并将数据返回控制中心。利用大数据分析技术,这些数据可以被应用于生产流程分析,以进行下一步的改进。

小米基于 5G 技术建立了投资达 6 亿元的智能工厂,总面积近 2 万平方米,能够实现全过程自动化无人生产,包括无人管理、无人加工、无人包装。实现"无人工厂"的关键是自动决策判定系统——一般工厂的生产主要由人工进行生产决策,数据和模型只是辅助决策的手段,而这个系统会利用数据、分析引擎、动态知识图谱、自然语言理解、机器学习等多种技术,收集动态和多维数据,对复杂问题进行自主识别、判断、推理,并做出决策。小米自主研发中央调度控制平台,借助自动标定视觉算法,利用 5G 网络建立智能控制中心以实现无人化生产。

移动机器人在自动化生产中占有非常重要的地位。产品的生产过程通常需要跨越多条生产线,相比人工运送物料,移动机器人可以自动接受指令并执行搬运,在不同生产线之间灵活地穿梭,大大提升生产车间的工作效率,避免错误的发生。而且移动机器人的算法支持对它们进行路线优化,避免碰撞并及时报告故障,更适合在不适宜人类工作的场所工作。此外,移动机器人拥有比人类更高的精准度,这一点对于汽车行业尤其重要,因为汽车零部件的装配需要极高的精确度。互联网及大数据技术,可以帮助移动机器人收集运行数据,进行移动信息、生产信息、故障信息的分析,进一步提高生产效率,降低维护成本。

在无人工厂的生产过程中，如何落实监管？利用 VR、AR 技术和大数据技术，企业可以实施可视化监管。VR 是指虚拟现实，AR 是指增强现实，二者都是企业实现智能制造的重要基础技术。韩国现代汽车公司将 VR 技术应用于生产制造过程，监管人员可以通过 VR 全景视频进行远程的、多角度的、全方位的生产过程检查，并提供远程指导。此外，VR 技术还可以用于新产品的生产过程模拟，降低大量的实验成本。

此外，3D 打印技术开始应用到工业生产中，成为推动智能制造的关键力量。生产商需要先生成产品的三维模型，将模型数据传输到 3D 打印机，加入制造材料进行打印，这一过程非常适合定制化产品的生产。目前，以宝马、兰博基尼为代表的高端汽车制造商已经利用 3D 打印技术对一些零部件进行批量生产。

3.5.3　大数据技术如何帮助产品供应

产品生产完成后，由物流企业将产品配送到客户手中，而人工配送效率较低。如何提升配送的效率，降低配送的成本是物流企业一直想要解决的问题。越来越多的企业开始尝试无人配送，解决"最后一公里"的配送问题。

早在 2013 年，亚马逊就开始探索无人机送货项目，2016 年首次成功应用。那次无人机送货过程完全没有人工操控，全程借助 GPS 技术进行路线规划。京东、苏宁、顺丰等公司也纷纷开始研发无人配送技术，包括无人机配送和无人车配送。无人车主要应用了无人驾驶技术，包括使用激光传感器、雷达传感器和摄像头对环境进行探测，结合 GPS 数据一并上传到云计算中心，然后利用大数据技术和机器学习技术进行路径规划，实现对车辆的调度。而无人机的关键技术主要是飞行控制系统、障碍躲避技术和动力系统，其中传感器系统是保证无人机飞行精度的关键，包括速度感知、惯性感知、倾角感知等多种传感器以保证在复杂多变的环境下无人机仍然能平稳运行。

除了无人配送，京东还研发了首个全流程无人仓智能系统。京东无人仓里由分拣机器人完成商品重量测量和货物入库、存储、包装和分拣。这些机器人将货物信息传输到智能控制系统，由系统结合地图进行路径规划。无人仓每天可以完成20万件包裹的分拣。整个过程使用了自动仓储技术、视觉识别技术等，通过物联网实现了机器与机器的协作。

3.5.4 思考

大数据和人工智能技术为中国"智造"带来了新的机遇，无人工厂、无人配送在提升自动化程度的同时实现了效率的提升和成本的下降。伴随而来的劳动力结构调整——当机器可以代替人工完成劳动密集型的重复性工作时，被替代的人应该做什么呢？事实上，技术并不一定会完全取代人力。在简单重复的工作中，劳动力价格相对较低，而替代劳动力的技术成本非常高昂。只有当技术的成本降低到一定程度才有可能实现对劳动力的替代。

3.6 服务业篇

"贾维斯，你在吗？"

"随时待命，先生。"

看过电影《钢铁侠》的人一定非常熟悉这两句台词,并在脑海中浮现了钢铁侠托尼·斯塔克漫步在科技风的千尺豪宅的画面,即便没有一个人类佣人围着他转,钢铁侠的生活起居也由他的 AI 助理贾维斯打理得井井有条。在日常生活中,贴心、周到的服务总是能赢得人们的好感和赞叹;而在服务行业里,无微不至的服务正越来越多地由 AI 机器人提供。举个例子来说,在 2020 年抗击新冠疫情期间,除了逆行的医护人员和志愿者队伍,还有一只特殊的队伍奋战在抗击疫情的前线,它们就是由身怀各种"绝技"的机器人组成的"无人战队"。从医疗护理,到巡诊送药,再到消毒测温,这支无人战队完成了很多服务工作,在一定程度上降低了医生和志愿者感染的风险,关照病人的同时更保护了医疗工作者,有效地提高了疫情防控效率。

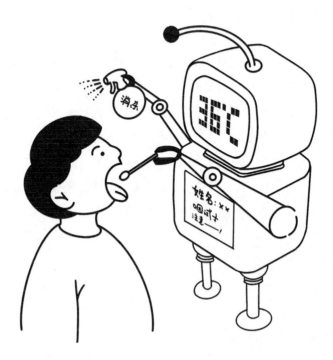

如今，科幻电影中的场景正一步步在现实生活中复刻；未来，在大数据技术的加持下，服务业将发生翻天覆地的变化。在本章将畅想大数据技术驱动下的服务无人化、个性化与智能化将如何改变服务业的行业结构、顾客对特定服务的体验感受，同时将谈及智能服务的潜在局限性。

3.6.1 未来谁来给我们提供服务

劳动力作为经济发展三大要素之一，在各行各业的长足发展进程中发挥着不可或缺的作用。劳动力成本是企业，特别是服务行业企业经营的主要成本，随着大数据技术和人工智能的发展，人工劳动力有了可替代选项。企业不一定需要雇佣员工来完成某些服务工作，顾客也不一定需要服务员来提供直接服务内容——很多工作可以无人化，用技术就可以实现。比如说，想去健身房运动，顾客需要打电话进行预约喜欢的教练。而开发出线上预约系统之后，通过整合健身房和顾客双方的数据信息，把各个教练的时间安排实时更新并在线上发布，人们就可以在线上进行预约，省去了接线员的工作。此外，服务业的无人化还能够在某些需求场景下降低人与人、人与环境的接触，比如前面提到的疫情期间的医疗服务，或者餐厅里面的配餐、送餐服务，在这样的场景下，启用无人化服务可以多方位提高工作效率，对企业和顾客来说是双赢的局面。接下来将介绍目前正在逐渐推广的无人化服务场景，通过大众日常生活中最常接触的场景，理解整个服务行业是如何运用数据科技实现无人化的。

衣食住行是和每一个人的生活息息相关的、发生服务最多的场景。餐饮服务机器人的应用就为餐饮行业注入了新的活力。

"AI+餐饮业"的有机结合正在受到越来越多商家和消费者的关注。智能餐饮机器人在现阶段为餐厅带来了特色服务，也是餐饮服务行业实现智慧化、标准化的重要标志之一。人工智能正在成为餐饮行业拥抱互联网的最瞩目的技术焦点。从商家的角度来说，智能化可以帮助餐饮业降低经营成本、提升管理效率。机器人Flippy是一款制作汉堡包的智能机器人，出自一家名为Miso的机器人公司。要知道，汉堡是世界上最受欢迎的快餐食物之一，在美国，约有230万人从事汉堡制作的工作。Miso公司的CEO认为，在未来Flippy或许会代替这些制作汉堡的人。这样一来，解放出来的劳动力可以专注更多有创造力的和需要与人沟通的工作，比如，研发新菜式，到餐厅和客人交流以获取反馈，进而提升服务水平。

以日本为例，擎朗的送餐机器人已然成为日本餐饮市场的"常客"，开启了模块化市场应用，辐射了多种场景和多家门店，包括拉面连锁品牌天下一品和幸楽苑、熊本市的熊本森都心广场图书馆、横滨中华街的饮茶自助餐招福门等。在用户体验上，根据日本科技媒体ITmedia在2020年底对日本网友的调查"你最喜欢的拉面连锁店"的结果，天下一品以总票数的16.7%位居第一，送餐机器人的引入，协助天下一品餐厅恢复了人气，缓解了因疫情导致的经营危机。

在我国，众多餐厅也引入了智能机器人。从门口迎宾到座位引导，从点餐送餐到结账付款，很多以往由人工提供的服务正在逐渐改成由智能机器人提供。

除了餐饮业以外,智能的无人化服务也在向出行领域渗透。在充满希望、万物盎然的春日,很多人会选择前往公园等户外地点饱览春色。相信许多人有过这般体验:逛公园时找不到导览图,不知身在何处,也无法规划游玩路线;花草争奇斗艳,抓人眼球,却寻不着讲解员问相关资料,只能走马观花;行至口干舌燥,肚饿头晕,想买水解渴、买面包补充体力,却不知道便利店在哪里。顺势而生的是逐渐普及的公园园区智能导览系统。智能导览系统整合公园场景里涉及的诸多服务内容,实现了"将导游装进手机里":将景区及周边地图数据上传,实现景区导览的数字化和智能化,供游客规划游览路线,查询景区及周边吃、住、游、购信息及景区内公共设施等信息;通过GPS技术和语音技术,每个游览点都可以实现真人语音自动讲解,让游览的体验更加立体、丰富。举个例子来说,植物园里的植物可以"戴"上新的"身份证"——二维码植物名牌。只要对着这个二维码扫一扫，该物种的相关数据——品种、形态描述、分布地区、主要用途及其他相关信息等就会推送到游客的手机上，帮助游客快速了解植物的"前世今生"。二维码植物名牌将园区物种与数据信息系统相连，建立了既专业又大众化的科普教育平台。再举一个例子，景区的小卖铺往往有固定的地址，需要游客将就小卖铺的位置。现在很多景区引入了四四方方的无人售卖车，按照规划好的路线在公园里溜来溜去，且自动避让障碍物和行人，进行预判性停车。游客需要购买饮料和食物时可以招手示意，无人售卖车会在固定站点停留，游客可使用手机扫描车身上的二维码或者加载相关小程序购物。

智能导览系统是服务业无人化的一个典型案例，也体现了数据技术加持下的无人化服务对服务业的有效促进。试想，景区一般具有占地面积较大，游客流量较大，游览点之间多具有差异，服务内容综合性强、覆盖面广等特点。这样的特点使得景区为每位游客提供面面俱到的服务成为很大的挑战。如果要通过人工服务实现，那么将面临巨大的成本支出。大数据技术的特点之一是可以高速地处理多维度、大规模的数据（比如，景点的地理位置分布和游客流量的实时匹配），优越的算力可以在很短时间内对相关服务内容进行优化（比如，摆渡车、零售车发车的密度和游客流量、停留时间之间的匹配）。这样的无人化服务将极大地节约商家的成本，同时能够为顾客提供更加贴心周到的服务。

对于人口稠密的城市来说，"停车难"是一个大问题。许多车主经常会在停车时遇到尴尬的场景，例如为了找车位到处打探，或者与别的车主抢一个车位。就算顺利地完成了停车，收费环节也时不时让人不快：不断地停车、取卡、交钱、打票，如果遇到赶时间或刮风下雨的天气,有些车主难免焦躁。现在的停车系统逐渐智能化:一排看似普通的停车位,一辆轿车停入后,远处的"收费机"很快自动发出"嘀嘀"的车辆停入的提示音,还能自动生成一张停车收费凭证,但是停车位附近并没有收费员,也没有电子栏杆、红外线等感应设备,这是怎么做到的?无锡移动推出了物联网智慧停车系统,在每个停车位的地面位置都嵌入一个"小铁块"——NB-IoT智能车检器,只要车辆停到车位上,智能车检器就会自动感应、收集并传播车辆的位置、状态等信息,发送到停车场后台管理系统,实现信息交互,清楚显示目前停车场空余停车位、车辆缴费状况等,即使是无人的露天停车场,也能对车辆进行有序管理。有了这个系统,车主还可以在手机上轻松查看空余车位数量、具体车位状态、实现车位预定、停车场导航找车等智慧停车业务功能。在没有智慧系统的时代,人们只能一个车位一个车位地找,或者只能找到管理人员问询,耽误时间且效率不高,停车体验非常糟糕。而智慧停车系统让停车场管理部门和交管部门能够更加动态、全面地掌握停车场信息,实现高效调度和监管。

3.6.2 无人化在哪些服务场景碰壁

诚然,大数据加持下的人工智能在无人化、个性化和智能化服务方面表现非常突出,显著地降低了人工成本、提高了效率和效益等,但是这并不意味着人工智能在服务业中是全能的。服务分很多种类,有满足消费者基本物质需求的,如餐饮服务、住宿服务;有致力于使消费者获得愉悦的精神享受的,如各种景区服务、电影院服务;有为消费者提供有价值的信息的,如商场里的信息咨询与导购;也有给予消费者情感上的慰藉的,如特殊人群关照、心理热线，等等。虽然无人化的普及可以很大程度地提高服务效率，但是在某些服务场景，尤其是提供情绪信息和价值的服务业中，无人化是没有优势的。

请想象，如果我们需要去银行存钱，走进营业厅却发现空无一人，只有自助服务台和一些服务机器人可以办理业务，你是不是会有一些不知所措？在这种顾客需要进行大量咨询、获取很多复杂信息的服务场景里，自助服务模式将给顾客带来困惑和麻烦。比如说，自助服务要求顾客能够现场自主学习，从而找到想要的信息，这对很多人来说其实是非常难的。

首先，这会影响服务质量和办事效率。缺少了业务熟练的人工服务，顾客明明只需要十来分钟可以办理完业务，却可能要花上成倍的时间，还不一定能达到预期。其次，不可避免地，金融行业的无人化对一部分顾客（如老年人群体）来说，不算是一件友好的事情。还有，服务本身就是一项消费内容，除了满足顾客的最终需求，顾客在服务过程中的心情、感受，对服务整体评价来说也是至关重要的，临场学习过程中顾客可能会有挫折感，随之而来的焦虑、烦躁会给商家、企业带来负面作用。在银行自助柜台里，部分顾客对机器不信任，或认为操作流程过于复杂，最后还是不得不求助于银行职员，这样的场景也并非罕见。

除了需要提供大量现场咨询的服务业暂时难以实现无人化以外，还有一类服务业也是如此。

时代向前发展，人们的需求将更多地向精神与情感倾斜；服务于人的情感的商业模式，或者说"情感经济"有很大的发展潜力。无论是世界经济还是地域经济，都在拥抱情感经济时代的到来。可以想象，对情感交流能力要求很高的服务业很难被技术替代。事实上，对于人来说，识别他人的情绪并做出正确的反应是一件极为困难的事情，更何况对于机器。纵使大数据技术可以帮助我们识别人的动向趋势，刻画人的品格特征，甚至能基于海量的数据对尚未发生的事进行预测，但其终究是一堆代码，难以检测到行为背后的情绪、动机。人相比于 AI 的优势在于，同属于人类群体，有对同种族的情感认知的同向性，能够"感同身受""将心比心"，在此基础上进行的交流是机器很难进行的。尽管情感计算的赛道上，除了初创公司外，也吸引了几乎全部科技巨头，苹果、谷歌、脸书、微软等公司都在招兵买马、投资布局。但是 AI 仅仅实现初级的情感识别就已经很难了，想要在需要感情引导，实现情感交流的行业大展拳脚，目前看道阻且长。

不可否认，人工智能在多种场景下的情绪识别方面已经取得了长足的进步，如在理财客服领域，识别出用户的愤怒情绪之后，逐步安抚用户；在电商客服领域，识别用户真实的情感和意图，并做销售引导。但是想象一下，你拨打了一个情感类电台节目的热线电话，想在节目中吐露自己的情感，同时引起听众的共鸣，获得主持人的开导。如果接听你电话的是人工智能程序，即使在大数据分析的基础上，人工智能识别出你的情绪，理性分析你面临的问题，并给出了完美的答案，但是你会不会依然觉得缺少了一点什么呢？这种时候你期望的可能并不仅仅是"正确"的答案，而是有人与你分享悲喜，这种情感传递不是通过正确答案实现的。此时的人工智能少了一份"人情味"，而这一份"人情味"，正是在某些服务情境中，照亮人们的那一束温暖而有力量的光。

3.6.3 展望服务行业的未来

服务是每个人在日常生活中都会密切接触的。去超市，导购和收银员提供服务；去理发店，理发师提供服务；去电影院，爆米花销售员和检票员提供服务……我们的生活因为各行各业提供的服务变得更加便捷、高质量。不可否认的是，在大数据技术飞速发展的背景下，服务行业已经呈现一些结构性的转变。

很多重复的、低难度的工作已经由机器或者技术来完成，很少见服务员的身影。那些逐渐被人工智能取代的工种将不再需要人类员工，意味着服务业的从业门槛可能会变高，对从业者的素质要求也会提高。试想，打"零工"曾经是被认为是一种成熟稳定的劳务模式，如餐厅洗碗、后台接线、电商客服等，但随着技术的发展，越来越多的"零工"可能不会再需要人力劳动，这将倒逼劳务提供者改变和提升自身的劳动技能，以适应更具主观性、更加复杂的服务岗位。

服务行业在大数据和人工智能的驱动下固然会发生一些改变，这些改变能有效地提高服务效率，提升服务品质，也给服务从业者、商家、顾客或多或少地带来了一些挑战。但是，纵然现代服务业的结构与面貌发生翻天覆地的改变，服务作为基于顾客体验的价值形式，其内核将保持稳定：以人为本，给顾客更好的服务体验。不管是技术还是人工，最终目的都是给服务对象更好的服务体验，更有效率地输出服务内容，让顾客感觉到称心如意。在未来的服务行业，企业、商家应该思考如何优化技术与人工的组合，发挥技术的长处，同时不忘人工的优势，设计出最佳的服务模式，进一步提升顾客体验，促进企业、行业的长远健康发展。

第 4 章

学习：数据新人类的未来

我们的生活发生了翻天覆地的变化。大数据技术强大的计算能力，可以优化物流配送路线，选择最优的仓储地点，让我们足不出户就可以快速、便捷地购买到心仪的商品；人工智能强大的学习能力、语音识别等技术的飞速发展，让每个人都可以有自己的语音助手，可以更方便地完成工作，在其他设施如智能家电、智能基础设施等的帮助下，我们个性化的生活需求能得到满足；人工智能优秀的问题处理能力，使我们可以越来越多地从简单重复的劳动中解脱出来，不再需要花费大量的时间打扫卫生，不需要再在流水线上进行机械的工作……

4.1 未来还需要学开车吗

我们已经对什么是人工智能、什么是大数据、人工智能可以给我们带来什么样的变化和帮助有了深入的认识。既然随着人工智能和大数据技术的发展，我们的居家、工作、就医、教育等方方面面相比之前都大不相同，那么在未来这个大数据和生活紧密结合的时代，我们的生活还会有什么样的变化？我们是否能很好地迎接变化？我们需要做些什么来迎接这样的未来？

在此我们将自己的思考分为三层进行论述。

首先，我们将进一步介绍人工智能对个人发展的好处。在我们的成长过程中，为了可以更好地适应社会，找到更好的工作，过更幸福的生活，我们会花费大量的时间学习很多技能。现在，随着人工智能和大数据技术的发展，有很多工作可以利用人工智能完成，比如，我们不需要学习其他语言，通过佩戴可以进行语言翻译的智能耳机，就可以与来自各个地方的人自如地交谈。再比如，随着智能驾驶技术的不断发展，未来我们将不需要花费大量的时间学习驾驶，我们只需要输入目的地和期望到达时间，就可以乘车前往。人工智能技术的发展将可以把我们从花费大量时间学习某些技能中解放出来，使我们可以把这些时间花在其他更有利于自身发展的、可以发挥自身优势和特长的、可以推动人类文明更快向前发展的事情上。

其次，在对人工智能可以在哪些方面比人类做得更好，有了人工智能人类是否就不必再花费时间做很多事情进行讨论后，我们自然而然地会产生一些忧虑。既然 AI 可以做如此多之前只有人类才能做的事情，在未来还有这么大的发展空间，我们会不会被 AI 取代？我们在未来还能找到适合自己的工作吗？具体来说，哪些岗位的工作更容易被 AI 替代？未来人们究竟会不会失业？我们应该怎么应对技术发展给就业市场带来的变化？

最后，尽管在未来我们不会失业，AI 在替代一些工作岗位的同时还会创造更多新的岗位，但是技术的发展仍然会使我们的工作、生活、学习等方面发生翻天覆地的变化，我们该如何面对人工智能与生活紧密结合的局面？我们要顺应时代，掌握数据方面的知识和能力；我们要更好地了解人类自身的优势，培养自身独特的能力，与 AI 一同创造更美好的世界。

我们成长的过程也是学习的过程，从学习走路、讲话到学习专业知识，从学习穿衣、吃饭到学习洗衣、做饭，我们一直在学习各种各样的知识和技能以过上更好的生活。但是，学习是有成本的，我们不仅需要购买各种学习资料，还要花费大量的时间，而人的精力又是有限的。如果我们花时间学习了一些知识，我们学习其他知识、探索世界、享受生活的时间就会相应减少。回忆一下成长过程，我们花费很多时间学习了不少技能或知识，比如外语、打字、开车等，可随着人工智能和大数据技术的发展，有些现在看来是必备的技能在未来是不是可以由机器代劳呢？将来我们在技能学习方面会有什么样的不同呢？在机器可以帮助我们完成很多事情的年代，个人发展的路径会有什么样的变化呢？

4.1.1 象棋，围棋，还有什么赢不了

由谷歌旗下 DeepMind 公司开发的 AlphaGo 围棋机器人首次完成了机器打败人类职业围棋选手的壮举，而对手甚至是围棋世界冠军。这一突破性进展让我们更深刻地意识到人工智能领域的发展已经超过我们的想象了，曾经的"人工智障"在某些方面已经是可以打败人类的真正的"人工智能"了。这也提醒我们是时候思考人工智能发展的未来了。曾经的我们无论如何也想象不到机器居然真的能打败人类，居然真的可以做这么多只有人类才能做的事情，人工智能技术的发展速度居然如此之快。

可以预期的是，人工智能可以把我们从许多事务中解放出来，我们可以把曾经需要花在很多事情如学习、做家务上的时间节省下来，转而去做其他事。这些可以不需要再花时间的事包含哪些呢？我们在此列举一些供大家思考，想必大家也会有自己的答案。

我们在很小的时候就开始接触外语，为了可以让孩子学得更好，家长们可以说是煞费苦心，努力让孩子接触得更早，努力赚钱给孩子营造学习语言的环境，努力让天性爱玩的孩子坐下好好背单词、好好学语法，为了让孩子学好一门语言，很多家庭付出了大量

的金钱和时间。但是从词汇到语法，从应试技巧到生活中的灵活运用，我们需要克服一个又一个的困难才能学好一门语言，并达到能够应用的水平。以前用机器进行翻译，有很大的概率会得到很多奇怪的语句，现在，随着技术的发展，机器学习的语句越来越多，大多数时候机器可以帮我们准确地翻译很多复杂的句子，甚至可以像人一样断句，准确地"讲话"。在可以预见的未来，我们或许不再需要花费大量时间学习外语，只需要一个小小的耳机就可以自如地和来自世界各地的人进行交流，我们只需要在手机或电脑安装一个小小的程序就可以自动用自己的语言记录下所有需要的内容。

在学习过程中，人工智能也可以帮助我们做很多事情，让我们不再需要学习很多技巧，从而节约大量时间。

首先，人工智能可以帮助我们快速地记笔记，我们想要将语音用文字完整记录下来是非常困难的，尤其是在信息密度高、重点很多的课堂上。曾经我们还有速记这么一种职业，速记员采用一定的技巧将我们需要的信息迅速记录下来是非常厉害的技能，但是这种技能也是需要学习和练习的，如何做记号才能不混淆，如何做记录才能保证自己或者他人总是能看懂，怎么样才能抓到重点并全部记录下来，等等。现在有了人工智能的帮助，我们可以迅速、准确地将语音识别为文字并记录下来，其实不只是学习，在工作中人工智能的这一功能也可以给我们提供极大的帮助。我们可以迅速、准确地整理笔记或者会议纪要，不再需要单独去誊写笔记，也不再需要专门找人做会议记录，这既可以省去我们学习速记这项技能的时间，更可以让我们在工作中更好地利用时间。

其次，将人工智能应用到课桌上也可以帮助我们大大提升学习效率，比如现在已经出现类似于扫地机器人的桌面清洁器，全自动的削笔器、橡皮擦，指纹解锁的文具盒、笔记本等，这些应用了新技术的"智能文具"可以节约我们的时间，也可以让学习时注意力更集中，学习效率更高。

令很多人感到兴奋的事情之一就是可以学习开车，然后就可以驾车旅行，可以更加自如地出行，但是学会开车对许多人来说也是一道坎。如何迅速上手，如何应对作为成年人还操控不好车辆的那种挫败感，如何应对著名"段子手"——驾校教练，都是我们要面对的难题。此外，许多人在学车时已经工作了，需要牺牲大量的休息时间学习驾驶，甚至需要请假参加考试，这都是学习开车的成本。在未来，随着自动驾驶技术的成熟，我们不仅可以大大简化对汽车的操作，甚至可以不再需要学习开车。基于交通大数据，人工智能还可以帮我们找到最合适的行驶路线，避开堵车，带给我们畅通无阻的行驶体验。此外，远程操控还可以实现更多的功能，比如按照预定的时间接我们，再比如根据气温提前调整车内温度等。有了 AI 的帮助，我们不仅可以节约学习开车的时间，还可以节约在路上的时间、从家里走到停车位的时间等，这将大大提高我们的出行效率，让我们的生活更加便捷，让我们可以将更多的时间用在自己感兴趣的事情上。

在办公技能方面，熟练地打字是每个职场人必备的。曾经我们需要学习五笔输入法，因为用拼音输入时同音字太多，准确定位到每一个字需要时间，但学习五笔输入法要记词根、练习拆字等，需要记忆的东西很多，需要花费大量的时间去学习。感谢大数据和人工智能技术，让输入法（无论是拼音还是五笔）可以学习大量的语句，进行智能联想，将我们需要的字放在前面。此外，输入法还可以生成专属的个性化词库，进一步提高我们打字的效率。

在生活方面，我们在工作之余如何将地面清扫干净，如何做一顿营养美味的晚餐，如何收拾厨房，做好这些其实都需要有技巧的，只有熟练掌握这些技巧才能做得又快又好。现在，有了扫地机器人、全自动炒菜机、自动削皮切丝的机器、洗碗机等家电，我们可以不用学习这些技巧。在大数据技术、图像识别技术等技术的主导下，现在的扫地机器人已经可以自动规划行进路线、自动充电；很多削皮切丝的机器也不再只能处理标准形状和大小的食材；洗碗机可以洗各种大小、形状甚至材质的碗碟了。这些进步都让我们的生活越来越方便。

这样的例子想必还有很多，读者可以自己深入思考，或许会发现一个商机，找到一个未来的努力方向。

我们必须承认，只要是有明确的规则、有一定的流程的事情，人工智能就可以做得很好，但我们也必须明白，人类的许多技能也是人工智能很难习得的。

首先，想要理解别人的话，理解话背后的原因和目的，离不开对情境的了解。同样的句子在不同的情境下会表达出截然不同的含义，比如"这份报告我写不好"，可以想表达"我能力有限，写不好这份报告"（我 / 写不好），也可以表达"因为身份原因，由我来写这份报告不合适"（我写 / 不好）。再比如"我要炒肉丝"是说"我现在要下厨做一道炒肉丝"了，还是想说"我想要'炒肉丝'这道菜"呢？作为人类，我们可以利用说话人的语气、说话的背景等对句子的实际含义进行理解，但是机器却很难做到这一点。尽管机器可以通过学习利用一定的技巧对语言进行分词，也就是把一句话分为一个个的词语，比如"大数据是一种新兴技术"这句话可分为"大数据/是/一种/新兴/技术"和"大数据/是/一种/新兴技术"等，也可以通过对大量语音数据的学习进行语音识别，完成一些基本的指令，但机器对语言等的"理解"仍然是基于人类设定的规则的。

其次，只有人类才有批判性的思维，人工智能可以在规定的程序下根据输入的信息返回一些结果，但是人工智能无法对自己得出的结论进行反思。只有在前提条件相同的情况下同样的行为才可以产生同样的结果，如果条件不同，同样的行为不一定会产生同样的结果。比如，我们通常认为运动有益健康，但是在非常疲劳的状态下继续锻炼将不利于健康，作为人类我们可以通过观察发现有些人在锻炼后身体反而不那么好了，或者通过逻辑推理推翻自己发现的"运动有益健康"这一结论，但是人工智能却无法进行这样的反思，只能通过既定的程序运转。此外，人工智能可以利用海量的数据为我们发现很多相关关系，也就是两件事物之间的关联，却很难为我们提供一种因果关系。比如，大数据告诉我们晴天和天气更暖和之间有相关关系，也就是说晴天和更暖和的天气总是同时出现，但它却无法告诉我们到底是因为天晴所以天气暖和，还是天气暖和所以天晴。大数据提供的相关关系可以为我们提供新的发现，为后续对因果关系的探索提供新的思路，可是只有找到事情发生的原因我们才能确定如何取得自己想要的结果，对因果关系的探索能力也是人类不可替代的优势。作为可以自主思考的人类，我们还有许多使得人工智能现阶段无法超越人类，甚至未来也无法超越人类的特性。

4.1.2　谁说机器只能"学习"不能"创造"

尽管我们已经列举了很多现在看来只有人类能做到人工智能做

不到的事情，但我们还是会有一丝疑虑，人工智能在未来会不会逐渐发展，获得做这些事能力呢？人工智能会不会全方位地自主学习，替代甚至超越人类呢？我们一直非常笃定人工智能无法"创造"，现在却有很多研究者在做与"人工智能创造"有关的课题并取得了一定的成果，比如，有人开发了可以模仿李白文风作诗的，有人开发了可以模仿莫扎特曲风作曲的，有人开发了可以模仿莫奈、梵高等画家的风格作画的……

想要创作出如李白一般飘逸豪放的诗篇，或如莫扎特一般细腻典雅的传世经典无疑需要极强的创造力，AI 现在创作出了如此多有大家风采的作品不禁让我们对人工智能的"创造能力"刮目相看。但是人工智能真的可以"创造"吗？我们需要思考的是，人工智能是如何"创造"的，这和人类的创造有什么不同。无论是作词作曲还是作画，人工智能其实进行的是一种"照猫画虎"的行为，通过将音符、符合主题的音乐片段、字符、词语等要素组合起来，再通过一定的规则筛选出符合我们期望的结果，人工智能就"创造"出了新的作品，虽然偶尔会有一些亮眼之作，但这其实不能算是一种艺术创造。经典的传世作品有想要传达的情感和深刻的主题，而人工智能创作的作品只是一些要素的堆砌，很多时候给人一种没有灵魂的空洞之感。此外，人的创造和 AI 最大的不同就是，人类不是基于某种规则将很多要素组合起来，而是创造出一种这个世界上不曾存在的东西或者将某种方法、事物置于无人想到的全新领域中。这是一个从 0 到 1、从无到有的过程，是一个伴随着突破和顿悟的过程，目前看来这是人工智能无法做到的。

在之前列举的例子中，AI 无法超越人类很大程度上是因为这个世界变化太快了，不同场景下的影响因素实在是太多了，我们无法穷尽这些可能，也无法量化所有的变化。此外，机器现在还无法模拟只有人类才可以进行的深度思考和逻辑推理。随着技术的发展，人工智能在"思维"方式上会不会向人类不断地靠近，直至与人类接近甚至超越人类呢？

我们不得不承认这是非常非常困难的，要想制造出可以拥有人类意识的机器，必须要充分了解人类的思维方式。尽管已经进行了很多年的研究，关于人类意识的相关议题仍然存在大量的未解之谜。人类意识既包含我们的很多感知体验，比如我们看到的、听到的、触摸到的，也包括我们的很多主观体验，比如我们的情绪、记忆、思维等，想要让机器可以感知、分析、产生这些内容已经非常困难，更何况人类还有潜意识，很多行为是在"无意识状态"下完成的，这里的"无意识状态"并不是指医学概念中的失去意识的状态，而是指我们主观上没有意识到自己进行了思考，就做出了某种反应。比如，我们总提到的"第六感"，这种听觉、视觉、嗅觉、触觉、味觉之外的"第六种感觉"究竟是从何而来，为什么可以帮助我们在很多场景下做出准确的判断我们至今都知之甚少。

此外，诺贝尔经济学奖获得者丹尼尔·卡尼曼（Daniel Kahneman）在他的著作《思考，快与慢》中提出，人脑有两个思维系统，一个是快速的、自动的思考系统（系统1），一个是深思熟虑的思考系统（系统2）。比如，我们在学习开车的阶段需要认真思考在什么时候拉手刹、踩离合、换挡等，这时候我们使用的是系统2，但是当我们熟练掌握这一技能后，我们可以自如地根据路况对车辆进行操作，不再需要过多的思考，这时我们就更多地使用系统1了。现在被人类赋予了很多简单直接的判定标准的人工智能更接近于人类大脑的系统1。人类深度思考过程中都想了什么，人工智能可否复制这一种深度思考是我们需要认真思索的问题。

总的来说，人工智能技术正在飞速发展，可以用来代替人类做很多日常工作。有了人工智能的帮助我们也可以减少许多花费在技能学习上的时间，这对我们的未来发展无疑贡献巨大，我们不需要花费时间学习开车、做家务等，我们可以把有限的时间用于更有利于身体健康、有利于主观幸福、有利于自身发展的事情，从而拥有更美好的生活。无论是对于个人发展还是对整个人类社会而言，这都是令人神往的变化。在可预见的未来，人类还是会有很多人工智能无法习得的美好特性，技术的发展是否可以超过想象也值得我们的期待。

4.2 未来，你会失业吗？培养AI做不到的能力

近年来人工智能技术飞速发展，在人脸识别、语音识别、机器翻译、物流分拣、智能客服等诸多领域都得到了广泛的应用。人工智能技术给生活带来了巨大的便利，但我们也不禁产生一丝忧虑：未来我们会失业吗？

以前我们在淘宝上联系客服，迎接我们的是亲切的"亲，需要什么帮助"，现在却是一条条的自动回复；曾经我们在便利店买东西后要找收银员结账，现在超市中却摆上了一台台自助收银机器，甚至还出现了没有营业员的"无人超市"；曾经学校、单位、小区门口总是站着兢兢业业的安保人员，现在却是一个个的人脸识别闸机……技术进步带来的每一项变化都带来一些工作岗位的减少甚至消失，我们是不是迟早会被人工智能取代？

其实，人类拥有独特的优势，只要能够合理地应对，我们就可

以在享受人工智能带来的便利的同时保住自己的工作。

4.2.1 助力还是颠覆——AI会完全替代我们吗

近年来随着文本分析、自然语言处理、语音识别、面容识别、智能推荐等众多算法和技术的发展，人工智能在多个行业得到了广泛应用并取得了巨大的成功。人工智能具有强大的计算能力，可以应用海量的数据建立复杂的模型进行分析预测，通过结合不同的技术、工具和算法，人工智能可以比人类更高效、准确地处理复杂的问题。

比如，企业想要判断一个人是否喜欢自己的产品，在没有人工智能辅助的情况下，我们可能要通过这个人的性别、年龄、收入、爱好等进行判断，但是有了人工智能的辅助就可以通过其大量的历史购物数据进行分析，同时，有了AI强大计算能力的辅助还可以分析更多的个人特征，从而更准确地对顾客的消费偏好进行判断。此外，个人在进行判断时容易受到一些信息的干扰而做出错误的选择，就像我们总觉得旁边车道的车走得更快，这很多时候是因为我们更容易发现别的车超过了自己，而在自己畅行无阻超别的车的时候感到理所当然，我们会自然地增加了别的车超过自己这件事在自己判断中的重要性。在人工智能的应用领域，人工智能可以帮助我们规避这种偏误。比如，在没有关于购物者历史购物信息的海量数据时，我们只能通过询问消费者的购物信息判断其购买自己产品的频率，如果一个人被问是否经常使用某品牌的洗发水，他就更容易回想起自己使用这个品牌的经历，从而高估使用这个品牌洗发水的频率。利用人工智能对消费者的历史数据进行分析，可以帮助我们获得更加客观、真实的信息。

人工智能可以处理很多标准化、流程化的行为，可以对文本、语言等众多类型的信息进行初步处理，在处理很多流程复杂的问题上具有优势，那么人工智能的这些特性会使得哪些已有的就业岗位被取代呢？下表列出了一些可能被人工智能取代的职业技能及这些技能涉及的职业。

未来容易被人工智能掌握的技能及对应的职业

技能	具体职业举例
重复体力劳动	流水线工人、快递分拣员
初步信息加工	翻译、速记员、校对员
统计分析	市场调研分析人员、精准营销及广告投放人员
标准化、流程化处理	会计、银行出纳员、收银员
根据经验积累判断	影像科医生、医院导诊人员
基本沟通	电话销售员、大堂经理、接待人员
重复体力劳动和初步信息加工	安保人员、公交司机
初步信息加工和标准化、流程化处理	秘书、客服、人事专员

通过物体识别、传感器设计、中央信息与决策系统的构建、机械的运动和控制等技术，人工智能可以帮助我们利用流水线、快递分拣机器人等设备，从而可以用机器替代流水线工人、快递分拣员等。自 2017 年开始，国内包括申通、圆通、菜鸟、邮政等，国外包括亚马逊等公司纷纷将智能分拣机器人投入使用，极大地提升了快递分拣效率，节约了大量人力成本。

此外，人工智能可以进行一些初步的信息加工工作，例如通过自然语言的理解和合成等技术，人工智能可以替代翻译、速记员、校对员等。由于人工智能可以利用大量数据进行复杂的建模计算，可以用来进行统计分析，比如调查消费者的偏好，发现不同特点消费者的喜好并且投放相应的广告，人工智能就可以取代一些市场调研分析人员以及进行精准营销、广告投放的人员。如果某项工作有标准化、流程化的处理方式，人工智能也能迅速掌握，因此会计、出纳、收银员等也会逐渐被取代。通过不断地对大量样本进行学习、获得修正，人工智能可以迅速获得比人类一生的积累还多的经验，因此阅读 X 光、核磁或者根据患者的症状判断应该到什么科室就医等需要大量的经验的职位也会逐渐被取代。除了识别、控制、分析等后台工作，人工智能也已经掌握了基本的沟通能力，想必很多读者接到过人工智能拨打的销售电话，看到过商场或酒店大堂中的智能引导机器人，随着人工智能的进一步发展，这些只需要基本沟通能力的职业也会逐渐被取代。

如果某种职业需要的能力恰好是人工智能所擅长的如统计分析、信息加工、经验学习等，这种职业也会被替代。另外，现在的很多职业不止需要这些技能中的某一项，而是需要多项技能，比如安保人员，他们需要体力劳动，因为他们要站岗，保护大家的安全，同时他们也需要基本的信息加工能力，因为他们需要对于来访者是否是自己单位 / 学校 / 小区的成员做出判断，也要对来访者提供信息的真实性加以考量，可是现在很多地方的人脸识别闸机和刷卡机器还是一定程度上替代了安保人员。再比如很多职业需要对信息进行加工处理并根据流程做出反馈，比如客服人员，他们需要分析识别客户的需求并按照流程提供服务，但现在很多的智能客服也逐渐拥有了这些功能。

总而言之，如果一项职业所需的技能主要是重复体力劳动、初步信息加工、统计分析、标准化处理、流程化处理、经验积累、基本沟通等技能中的一种或多种，那么这种职业会是被人工智能取代的"高危职业"。

虽然看起来人工智能可以替代非常多行业的从业者,但是我们完全不必惊慌,以前也出现了颠覆性的技术进步,如汽车取代马车、在线购物出现等,但更多是新旧替换。人工智能的发展更多带来的是产业的升级,虽然很多岗位消失了,但也有大量新的就业岗位被创造出来,比如,有了大数据的支持,我们可以构建外卖服务平台,进而我们就需要平台的运营、维护人员,吸引商家的进驻,招聘外卖配送员等,这些需求创造了大量的就业岗位。再比如,直播平台、短视频平台的出现,正是有了相关的技术支持,才创造了许多相关的新岗位。还有很多情况下,我们不需要更换岗位,只需要改变工作的侧重点,例如银行的前台工作人员可以更多地关注注重提高顾客满意度与忠诚度的理财等相关服务,而不仅仅是帮顾客进行存取款等交易。

除了创造岗位,人工智能还可以帮助我们把已有工作做得更好,创造更多财富与收入。比如,人工智能可以帮助农民预测天气状况,获取最新生产资料和农作物的价格水平。在撒哈拉沙漠以南的非洲,一些与联合国粮食及农业组织(FAO)合作研发的程序还可以帮农民识别害虫并做出相应的处理。

人工智能在我们寻找工作的过程中也可以起到强大的辅助作用,帮助我们将就业需求与合适的人选匹配起来。比如,Workruit是一家通过利用人工智能和机器学习技术来简化工作搜索及招聘流程的公司,这家公司的网站会匹配合适的雇主和求职者,他们可以在页面上表示对对方的兴趣,也可以选择查看其他资料,如果双方都表达了对对方的兴趣,就可以继续进行下一个招聘环节,这样大大加快了寻找工作和招聘的进程,有利于降低时间成本。

4.2.2 全面使用人工智能，我们真的准备好了吗

前面对哪些岗位会被人工智能取代进行了详细的介绍，但是我们忽略了一个问题：我们在技术上可以设计出对应的程序或机械设备，就真的做好使用它们的准备了吗？

让我们想象一个场景，人工智能在分析了患者的 X 光影像后给出了诊断，医生根据诊断进行了治疗但最后发现人工智能误诊了，这起事故应该由谁负责，AI、医生还是 AI 设计者？马路上忽然有一辆自动驾驶的车由于机器故障停了下来，后面的车辆没有预判到这一意外，发生了连环撞车事件，应向谁追责，自动驾驶汽车、汽车所有者，还是汽车设计者？我们的担忧并不是多余的，目前人工智能确实也犯了一些错误。比如，2020 年 1 月某司机从北京开往衡水，高速路的电子收费系统居然开出了 167857 元的天价过路费。机器由于误判给出的过高价格如果消费者恰好误付了，该如何赔偿消费者损失呢？

人工智能毕竟不是人类，让人工智能取代一些本来是人类负责的工作面临伦理问题。另外人工智能的运转需要很多外在的条件，比如稳定的网络、电力供给等，如果出现了意外我们是否已经有成熟的解决方案？我们是否可以迅速更新法律法规对人工智能的使用进行规范化管理？

人工智能对大数据的应用还会涉及个人隐私的问题。目前人工智能应用的精准营销领域会不会过多地利用了消费者不愿意暴露的个人信息？单位、小区门口的人脸识别系统会不会向陌生人泄露个人面容信息？过度地为个人推荐同质化的文字、视频资料等会不会使个人的思维变得僵化？一些有着可爱外形，可以进行对话交流

的智能产品会不会和人类产生感情？这些变化是否会产生深远的社会后果？这些后果会不会是我们不想承担的？

从全球范围来看，很多地方仍旧缺乏应用人工智能产品的条件，这些地方可能没有稳定的能源供给，没有稳定的网络，从全球一体化、人类命运共同体的角度我们要如何对这些地方提供帮助也是值得深思的问题。

4.2.3　在人工智能发展的潮流中我们有什么不可替代的特质

尽管对未来充满信心，知道这一次的技术进步就像之前的每一次一样，我们要面对的更多是产业的升级、岗位的变化，而不会造成就业岗位不足导致的大面积失业问题，但是我们还是要清晰地认识到，许多重复性的、人工智能可以通过编程完成的，以及需要大量的计算分析能力、人工智能比人类更擅长的工作岗位，可能即将慢慢消失。如果我们无法适应新的工作需求，确实会面对一些麻烦，此外，我们还面临下一代的教育问题。在这种情况下，我们就需要了解一个问题：相比人工智能我们有什么独特的能力？未来有哪些职业是人工智能很难替代的？

我们认为，在审美、创造力和爱三个方面，人工智能是无法替代人类的。

俗话说"爱美之心，人皆有之"，无论是美丽的风景、精美的画作，还是精彩绝伦的文字和影视作品，都可以给我们带来快乐和愉悦的精神享受。我们天生就爱追求美好事物，创造美好是我们生活中非常重要的事情。然而，什么是美？看到梵高的作品、毕加索的作品，我们或许也不清楚这些画到底想表达什么，但是我们也会感觉到美。为什么？有时一件东西有我们偏好的特点我们却不喜欢，为什么？我们或许可以说出自己喜欢的一些特质，或许可以努力表达出自己的感受，却没有办法定义什么是美。此外，不同人眼中美的标准不同，不同时代的人眼中美的标准也不同，审美，这种没有统一衡量标准的、带主观色彩的特质是人工智能很难掌握的。此外，审美是可以受到引领的，在抽象派艺术出现之前人们也不知道原来还可以有这种形式的美，正是那些脱离了已有的审美标准的新的美好，以及由于不同的美的产生带来的多样性和差异，为人类带来了更加美好的世界。只能对已有的、有统一评价标准的事物进行学习的人工智能，是无法在美这个领域施展拳脚的。

人类社会的进步、个人的发展离不开创造力，只有不断产生现在没有的新知识、新技术、新事物，我们才可以适应不断变化的环境、不断提高生产能力、提高生活水平和幸福感。创新的过程需要发现问题、提出对应的解决方法，实施新的解决方式并验证这个方式是否可行。在这个过程中，人工智能只能提供辅助，帮助我们更好地了解现实的状况，但无法提出有针对性的解决方案和新问题。创新需要一个顿悟的过程，我们小时候做数学题会遇到这种情况：苦思冥想，把已经知道的线索梳理了很久却还是推不出想要的答案，忽然不知道为什么我们就找到了正确的思路，这种对问题的充满创造力的解决需要一瞬间的顿悟，从而产生新的知识，而这是人工智能无法做到的。这种提出新知识、新概念和解决方法的能力是人类独有的，也是人类发展不可或缺的。

小时候，即便我们已经吃饱了，穿暖了，可以痛快地玩耍了，却还是渴望父母的关爱，长大后我们也总是渴望亲情、友情、爱情,还有陌生人之间的一丝真情,每一个人都有对各种形式的爱的渴望。我们需要温暖的怀抱,需要他人的支持,在逆境中也需要一个避风的港湾。爱,作为一种人与人之间特有的情感是人工智能无法拥有的。爱是非常复杂的,爱需要交流,有时候一个拥抱抵得过千言万语;爱也是相互的,如果我们对 AI 付出了感情,但 AI 只是一直在配合我们,不会主动对我们产生需求和爱,我们也不会感到幸福;感情是没有正确答案的,人工智能或许可以通过人类的行为分析出在某个场景中的最优选择,却也无法领会为什么在某些时候最优解是错误的。人与人之间的情感是无可替代的,爱也是人类幸福的重要源泉,是人类的坚实后盾,这种人类必需的情感需求是人工智能无法满足的。

我们已经了解,人类在审美、创造力、爱方面拥有独特优势,可以帮助我们更好地面对人工智能发展带来的变迁。我们很自然地就会想要知道哪些职业需要这些人类独有的优势。下图展示了需要这三种优势以及对应的一些职业。

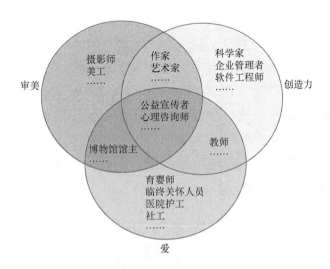

生活中有许多美需要发现、记录，或者进行加工和装饰，这时我们就需要摄影师、设计师等职业。对创造力的需求在生活中几乎随处可见，可是有一些工作会格外地需要创造性的思维方式和解决方法，如科学家、企业管理者、软件工程师等。还有很多职业需要付出爱心和情感，比如育婴师、临终关怀人员、护工、社工等。有很多不可替代的工作需要审美能力、创造力、爱与被爱的能力，同时也有很多工作需要将这些能力结合起来。通过将对美的追求和创造力结合起来，艺术家为我们创造了无数的让人获得精神享受的世界。博物馆本着对美的渴望和对历史、自然、社会的爱，建立了一个个精神文明的宝库。教师既要给学生足够的关爱，还要用创造性的方式因材施教，创造新知识、新方法。还有很多人如公益宣传者、心理咨询师等，他们既要有对美的追求、爱与被爱的能力，也需要创造性思维……

随着人工智能的发展，我们需要更加注重培养人工智能难以习得的能力，除了自身基本的艺术素养、逻辑思维能力，我们也需要注意对儿童创造力、处理人际关系的能力的培养等。在颠覆式创新迅速发展的时期我们还要积极学习新事物，学习新技术的使用方式、编程技术等，紧随时代的潮流。

4.2.4　未来，我们会如何工作

为什么我们会担忧人工智能抢占人类的就业岗位？一个非常重要的原因就是人工智能已经可以完成很多之前只有人类才可以完成的工作了。这种技术进步会带来产业的升级、就业结构的变化，那么未来我们会如何工作呢？人工智能技术会使我们的生活更加幸福吗？

曾有人提到未来我们每周只需要工作四天，随着人工智能在物质生产活动中起到的作用越来越重要，生产效率和产量将大大提高，人类生活所需的劳动投入将大大减少，我们将可以投入更少的劳动时间就创造出维系生活所需的基本物品。届时，人工智能可以帮助我们进行物质生产、数据分析、决策辅助，我们的基本物质生活将得到极大的满足，不再需要为客观物质条件而担忧，不再会有人经受物质贫困之苦，人们可以更多地解放自己的天性，追求自己喜爱的事物，发挥自己的创造力，获得精神上的富足。

在未来，人工智能接替我们完成重复性的劳动，帮助我们进行物质的生产，我们就可以充分追求和探索自己生命的价值，我们可以在小说中创造属于自己的世界，可以用艺术作品抒发自己的感情，在帮助他人与为社会做贡献中实现生命的价值……在追求物质上的需求之外，我们还可以更多地追求和获得精神上的富足，那将是技术帮助我们创造的一个更加美好的世界。

4.3　成为数据新人类，你准备好了吗

我们必须意识到，人工智能的发展会给我们的工作、学习和生活带来翻天覆地的变化，想要游刃有余地应对这一变化，想要不被时代抛弃，我们必须学习更多的知识，掌握更多技巧，充分了解自身特质，发挥自身优势并学会与人工智能协同合作。

无论是为了可以更好地享受技术发展带来的福利，还是为了未来可以在就业市场上更有竞争力，我们都希望可以掌握和数据有关的知识，具备和数据相关的能力，也希望可以结合自己的优势利用人工智能更好地工作、生活，那么我们要如何才能做到这一点呢？

4.3.1 顺应时代,掌握与数据相关的知识

人工智能技术离不开数据科学与计算智能这一学科。数据科学是一个基于统计学、计算机科学等学科发展而来的交叉学科。想要更好地适应社会的发展,我们必须学习相关的知识,建立对数据的理解。建立数据思辨能力、通过学习和训练学会使用有效的工具以及建立数据分析和应用的能力,是我们可以去尝试的。

1. 建立数据思辨能力

说到数据,很多人首先的疑问就是数据有什么用,为什么我们要了解数据并学习不同的使用数据的方法。生活中充满了各种数据。上学期间学校会记录每个人历次考试中各科的成绩,以此了解学生的学习水平;企业有财务数据,记录企业在一段时期内的收入、支出等各种费用,这有利于企业了解自己的经营状况,也有利于国家对企业的审计;我们会记得自己的工资,记得经常购买的商品的价格,这些数据可以帮助我们判断合理水平……这些例子都是一些相对原始、没有经过加工的数据,仅通过对生活中一些可以量化的方面进行记录,我们就可以判断事情发生的走势,了解状况。生活中还有很多经过统计的数据,例如我们总能听到新闻中说我国国内生产总值(GDP)是多少,相比上一年增长了百分之多少,某地区国内生产总值或者人均国内生产总值为多少等,通过这些使用统计方法得出的数据,我们就可以对国家总体的经济发展有非常直观的感受。统计数据可以用非常简洁的几个数字展示出我们关心的事情的总体情况。

随着技术的进步,现在不仅可以对可量化为数字的内容进行分析,还可以对文字形式的数据进行分析。例如通过分词、绘制词云

的过程，我们可以看到哪些词语是被提及次数最多的。比如，我现在有大家对于某款性价比很高的手机的评论内容，其中有人评论说"这款手机很漂亮，好用，性价比高，值得购买"，通过分词可以得到"这款""手机""很""漂亮""好用""性价比""高""值得""购买"等词，通过将所有的评论进行分词并根据词语被提到的次数设置显示该词语的尺寸，被提到的次数越多这个词语就越大，被提到的次数越少这个词语就越小，根据这一规则绘制出的词云将可以帮助我们很直观地看到这一款手机在消费者眼中的特性。下图展示了基于对某款拍照手机的评论绘制的词云，我们可以很直观地看到，大家对于这款手机的印象主要是"好用""好看""便宜""时尚""性价比高"等。通过这一分析过程，可以对消费者如何看待这一款手机有非常直观而深入的了解。

在对文字数据的处理方面还有更多可以利用的工具。比如，可以利用舆情分析模型计算大家对某款产品的评论是否是积极的，可以将一个人的情绪从负向到正向量化为 1 到 10 的数值，这个数值越大，说明这个人对这款产品的评价越积极，这个数值越小说明消费者对这款产品的评价越消极，通过对所有人的评价进行统计分

析，比如计算最大值、最小值、中位数、平均值、方差等，可以直观地了解到大家对这款产品的评价最好与最坏分别是什么程度，平均是什么水平，大家对这款产品的评价分歧是否很大等。通过这一方法，可以对大家对某一件事或者某一款产品的评价有总体的了解，对于企业发展、政策制定等非常有参考价值和意义。现在的技术也逐渐可以对语音、图像等信息进行分析，比如，我们已经可以非常成熟地进行语音识别、图像识别，将语音、图片转换为文字。再比如，我们可以进行人脸识别，定位犯罪分子，我们还在尝试将图片上的每一个像素点识别出来转换为计算机可处理的数值信息，借此对图片信息进行更加深入的处理等，技术的发展使得我们可以越来越多地利用语音、图像等信息为社会做出贡献。

无论是原始数据、统计数据、文字数据，还是语音数据、图像数据，所有的数据对于我们来说都是有意义的，但是，数据科学和大数据计算智能对我们的意义远不止前文提及的这些。

人的精力是有限的，大脑的容量也是有限的，我们大脑处理大量信息的能力也是有限的，因此很多时候我们不是理性的，也就是说，我们不会把所有能够利用的信息都分析一遍，然后得出对自己来说最优的结论，很多时候我们只是通过"经验法则"去做出判断，这个判断不一定是最优的，同时还可能存在很多的偏误。

比如我们经常会使用可及性经验法则（availability heuristic）对生活中发生的事情进行判断。现在请大家思考一个问题，乘坐飞机和乘坐陆路交通工具相比，哪一种出现事故致人死亡的概率更小呢？由于新闻中经常对空难事故进行详细的报道，很多人在想到致人死亡的交通事故的时候就很容易联想到飞机失事的新闻，进而认为在空难中去世的人更多，但其实在所有交通出行方式中，因乘坐飞机死亡的人数是最少的。出现这一种偏误的原因主要是我们很多时候不是根据某件事情发生的概率进行判断，而是根据我们在记忆中提取相关信息的难易程度进行判断，我们很容易从死亡联想到飞机失事，就更容易错误地认为空难造成的死亡人数更多。

没有数据的帮助，我们很容易被自己更加关注的那一小部分信息误导，进而做出不那么理性的、有偏误的判断。在进行严肃的决策时，这种偏误可能会导致很严重的后果。比如，我现在准备开一家主打麻辣小龙虾的餐厅，要决定向哪个市场投放广告，如果我只因为自己身边的大学生喜欢吃麻辣小龙虾，其他年龄段的人不喜欢，进而在做决策的时候错误地认为小龙虾是年轻人才喜欢吃的东西，就可能失去很多的潜在用户。在很多时候我们都需要收集更多的数据，从而更加理性地对数据进行解读，做出最优的决策。

当然，利用"经验法则"进行判断在很多时候对我们是非常有意义的。生活中有很多决策要做，我们不可能每一件事都进行彻底的分析与理性的思考再得出结论。比如，我要买哪家的香皂，我并不需要把关于香皂的信息全部都收集下来进行对比，因为对于我来说香皂可以有清洁作用，不伤皮肤就可以了，这个时候我只需要根据我以往的经验挑选价格可以接受的、比较喜欢的品牌的产品就可以了，这可以为我们节省大量的时间，让我们有更多的脑力和精力去做更有意义的事情。

不可否认，数据很重要，在很多时候需要依赖数据做出正确的决策。但是，我们还必须了解，不是所有的数据都可以帮我们做出正确的决策，在面对一份可用的数据的时候我们必须保持批判性的思维,对数据是否可用、是否可以提供帮助保持警惕。

我们可以用小数据、数量比较客观的二手数据或者大数据辅助自己进行分析决策,在实践中我们会用很多不同的方法收集这些数据,我们可以通过和有经验的人的交流、对相关人士发放调研问卷等方式收集小数据,可以利用企业收集多年的历史销售数据或者国家发布的公开数据等形成二手数据集,可以利用对网络上的数据进行收集形成大数据集等。这些不同量级的数据各有长短,各自有各自适合处理的问题,我们在使用时必须非常小心。

首先,是数据的代表性问题。很容易理解,今天如果我想知道麻辣小龙虾是否受欢迎,我在卖小龙虾的店里发放问卷,发现有90%的人都喜欢麻辣小龙虾,如果我这个时候误以为几乎所有人都喜欢吃麻辣小龙虾,我就是被我选择的样本误导了。很容易理解,去小龙虾店吃饭的人肯定是喜欢吃小龙虾的,而我想知道的是"麻辣小龙虾是否受欢迎",我选择发放问卷的人群并不能代表我关心的市场上的所有人,我的结论也就不客观了。在代表性问题上大数据做得就更好,因为我们甚至可以在网络上抓取所有和小龙虾有关的评论,而不会只关注某一类群体的看法,这样得到的结果更加客观。

其次,是因果推断问题。前文提及,因果关系对于人类发展非常重要,例如只有知道最近销量提高的真正原因,才能重复高销量的业绩甚至做得更好,在这一点上小数据可以做得更好,这是因为我们可以在问卷中对个人为什么会做出某种行为进行提问,我们可以得到信息非常丰富的开放式的回答。我们甚至可以在收集小数据的过程中做一些实验,比如,我现在想知道两种颜色的手机哪一种卖得更好，我可以在问卷中给出两种手机 A 和 B 的图片，A 和 B 除了颜色外所有方面均相同，让填写问卷的人在这两种手机中进行选择，如果我还收集了关于这个人的性别、年龄、受教育水平、所在地区等人口统计信息，我就可以知道哪一类人更喜欢哪种颜色等，比如可能发现青春期的孩子更喜欢黑色的手机，这可能是因为他们希望表现自己很酷等。在因果推断方面，大数据做得就没那么好了，我们在大数据中发现的两件事情经常同时出现只是一种相关关系，就像我们经常举的啤酒和尿布的例子。我们在大数据中发现购买啤酒和购买尿布经常同时发生，可是购买其一种商品并不能构成购买另一种商品的原因，我们必须通过其他手段去挖掘背后的原因，我们最后发现真正的原因是经常同时购买两种产品的是年轻的父亲，他们会在为婴儿购买尿布后顺便为自己购买啤酒。

最后，是成本问题。发放问卷的成本是比较高的，为了让大家愿意帮我们完成调查，需要提供相应的酬劳，所以发放问卷的数量一定是有限的。我们在网上抓取数据的成本也是随数据量的增加而增加的，因此在收集数据的过程中一定要想清楚自己到底想知道什么，可以付出多大的成本，自己应该选择哪一种方法收集数据，自己需要哪类人群的代表性数据等。无论是对待自己已有的数据还是想要收集数据进行分析，我们都必须非常谨慎，我们要了解自己进行数据分析的目的，要了解不同种类数据的特性，要了解不同分析方法的优劣，这样我们才能真正做到用数据辅助我们进行分析决策，而不是被数据误导。

总的来说，数据非常重要，只有正确地收集、分析数据才可以达到辅助决策的目的，我们必须要建立数据思辨能力，了解数据，更深入地学习如何使用数据。

2. 通过学习和训练学会使用有效的工具

想必大家都对数据的重要性有了更加深刻的认识，那么我们一定很想知道一个问题：要从哪里入手学习与数据有关的知识，我们要如何才能掌握与数据有关的能力呢？

想要更好地应用大数据和人工智能技术，我们必须深入地了解数据科学与计算智能，具体来说我们需要了解统计学、计算机科学、社会科学等学科的有关知识。我们想要利用数据解决某些问题就必须要具备收集数据、处理数据、分析数据、解释数据的能力，这离不开统计学的帮助；想要处理更多的、更复杂的数据，为了能够处理更多之前没办法处理的文字、语音、图片等信息，我们必须积极地开发新的算法，这离不开计算机科学的辅助；除了拥有数据、对数据进行挖掘，我们还必须知道我们想要从数据中知道什么，我们必须知道我们关心的问题是什么，我们也必须知道我们需要关于哪个群体的哪些方面的数据，这一切的一切都离不开社会科学有关的知识。那么，对于并不打算专攻大数据和人工智能技术的人来说，可以学习使用哪些工具，进行哪些训练呢？

首先，我们可以学习一些统计学的基本知识，会对如何描述数据中的信息，如何发现两个事物间的相关关系，如何更好地对生活中可能发生的事情进行判断等有更加深入的了解。比如，我们可以了解一下如何表示数据的集中趋势，我们可以用均值、中位数或者众数来表示，均值就是所有数值的平均，中位数就是把数值从小到大排列后处于中间位置的数值，众数就是在一组数据中出现次数最多的那个值，了解了这几个统计量后，我们就可以对我们的数据主要集中在哪个数值附近有直观的了解。此外，我们还可以了解数据的最大值、最小值还有方差。方差是对一组数据的度量方式之一，方差越大说明这一组数据中的值相对于平均值的偏离越大，比如，射击运动员甲的射击成绩为 10 环、8 环、10 环、7 环、5 环，运动员乙的成绩为 9 环、8 环、8 环、7 环、8 环，这两位运动员的平均成绩都是 8 环，但是运动员乙的方差更小，他的成绩偏离均值 8 环更少，也就是说他的发挥更加稳定。通过对于一组数据的最大值、最小值以及方差进行计算，我们可以很直观地看到这组数据是集中在一个较小的范围，还是有比较大的波动，这对我们来说是很重要的，比如我们想要选择理财产品，理财产品 A 的平均收益率很高，但是波动很大，也就是风险很大，理财产品 B 的平均收益率相对低，但是波动更小，也就是说风险更小。通过对统计学的了解，我们可以知道如何了解一份数据的整体状况，可以对事物间是否有相关关系进行判断，可以判断某件事情发生的概率，这对我们的生活和工作都是非常有意义的。

在对一些统计学的概念进行了解后，我们可能并不想自己计算这些统计数据，这时我们可以学习一些和计算机科学有关的内容。前文提到的统计数据大多可以用 Excel 进行计算，还有很多软件如 SPSS、JMP、Eviews 等也可用来计算，而且都不需要大家具备编程能力。如果想学习一些编程知识，可以学习 Python、R 等语言，或者学习使用 Stata、SAS 等软件。如果学会了编程我们就可以更加灵活、自如地进行数据处理。

其次，正如我们一直强调的，我们需要知道自己想要解决的问题，需要知道自己如何解决这个问题，这个时候其实我们是需要一些理论的支持的，很多时候我们可以从社会科学中找到我们需要的理论。比如，我现在是一家车企的销售人员，我们公司现在要推出一款新的车型，我需要了解如何更好地销售这一款车，在这种情况下我就需要一些和营销有关的知识。根据营销有关的知识，我为自己制定了以下几个研究目标：我需要了解新推出的车型会受到哪些消费者的欢迎，这一款车对于消费者来说为什么有价值，相比于竞争对手，我要如何向消费者展示我的车。我首先可以总结出这一款车的特点，如多大的排量、什么颜色、多大的空间等，然后进行问卷调研，看对于不同年龄、性别、家庭背景等的消费者来说，看重的汽车特点有什么不同，进而找到自己的潜在用户，在这之后我可以有针对性地对目标消费群体最看重的特点进行广告，并定点进行投放。通过对社会科学的理论知识的了解，我们可以更好地解决问题，更有效率地收集数据、分析数据。

对于很多人来说，学习新的知识是有困难的。如果之前没有接触过数据这一领域，很多人一定觉得这个领域的知识非常难学。经过对一些基础概念的认识，大家可以从许多非常贴近生活的、有用的知识开始学习，可以选择相对容易上手的软件，可以重点学习与自己想了解的问题有关的知识，一点点、一步步地学会如何使用数据。

3. 建立数据分析和应用能力

无论是学习基础知识还是学习工具的使用，最后的目的都在于建立数据分析和应用的能力。我们并不一定需要自己独立完成完整的数据分析流程，但我们需要对各个环节都有所了解，这样我们才能更好地检查数据结果是否是科学的、合理的。

在数据获取阶段我们需要关注几个问题，我们要了解自己搜集数据的目的是什么,我们需要什么信息,我们要如何获取这些信息。比如,我想知道现在的房地产市场走势如何,我们可以搜集一些房产交易数据,了解一下各个地区的房屋交易价格是多少,成交量是多少;如果我们想要了解消费者对某个产品的评价如何,我们可以对网上的评论数据进行分析等。

在获取想要的数据后,要选择合适的方法对数据进行处理。首先,我们要对数据进行清洗。比如,我们要看一下数据是否在合理的范围内,如果发现一个人的年龄是 −5,那这个数据肯定是有问题的,在这个时候就要进行相应的处理,比如把这个观测值删除。接下来,要对数据进行一些描述性分析,计算每一个变量的均值、中位数、方差等基本信息,也可以通过做一些图表直观地展示数据的分布情况,如下面的两幅图所示。通过绘制饼图或者条形图我们可以很直观地看出来性别构成和年龄构成。在对数据的整体情况有所了解后,可以运用机器学习的方法或者建立统计模型,挖掘变量与变量之间的关系,解决我们面临的问题。

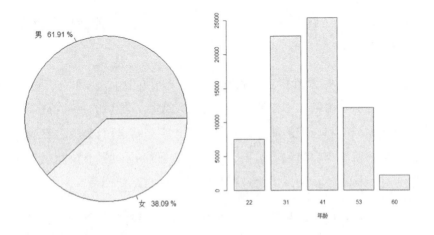

除了收集数据、处理数据、得出结论外，数据可视化也是非常重要的，运用合理的图表对数据进行刻画，可以帮助我们非常直观地了解数据的情况。

4.3.2 发挥自身优势，与 AI 协作共创美好未来

在这个人工智能技术飞速发展的年代，掌握数据有关的知识很重要，在努力学习如何使用新兴技术的同时，我们也不要忽略人类自身的长处。

人类有许多人工智能无法企及的长处，比如可以更好地理解不同情境下的差异，可以有批判性思维，可以做因果推断，可以进行深度思考，更加灵活，可以创造出这个世界上从未存在过的新事物等。在关注人工智能可以做到什么、大数据技术为什么重要的同时，我们必须牢记人类自身的长处，努力培养个人能力，形成自身的优势。

我们还必须关注的一个问题就是，在人类更有优势的领域，人工智能可以起到怎样的辅助作用呢？比如我们可以进行因果推断，是不是从大数据中发现的相关关系可以给我们提供寻找因果关系的思路？比如，大数据告诉我们啤酒和尿布的销售量有相关关系，我们去关注这个问题并发掘出原因是有很多年轻的父亲会在买尿布的时候顺便买啤酒，进而我们通过在超市里将尿布和啤酒摆得更近以提高啤酒的销量。在这个例子中，大数据很好地发掘出了之前没有被关注的现象，我们因此可以更好地进行因果推断，得到有利于提高企业利润的结论。有了人工智能的辅助，我们可以把很多事情做得更加好。

人工智能和大数据技术的发展可以将我们从许多劳动中解放出来，数据本身对我们来说也非常重要。我们不仅要紧随时代潮流，学习新技术有关的知识，并使用新技术，我们还要清楚地了解自身的优势并有针对性地发展自身优势。在未来，我们既要学会使用人工智能，理解机器的逻辑，也要发挥自身优势，与人工智能协作，共创美好未来。

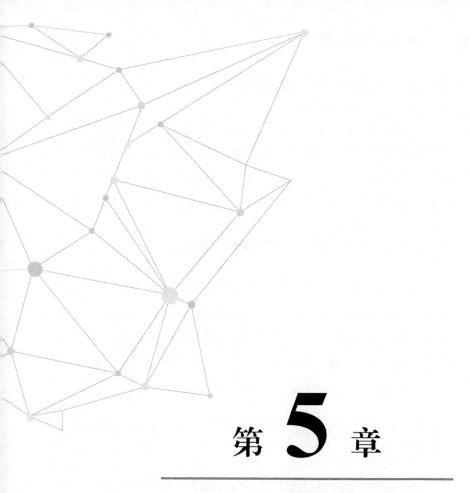

第 5 章

思考：人和技术的关系

5.1 大数据是全能的吗

大数据技术毫无疑问给人们的生活带来了极大的改变：改善了消费者的服务体验，提高了工作效率，增加了人们决策的理性，等等。了解世界的真相的方法有很多，我们为什么需要大数据？大数据是万能的吗？

5.1.1 小数据的败北：问卷调研会说谎

调研数据对决策非常重要。商家需要依靠调研数据获取市场对产品的态度，政府相关部门需要调研数据了解民意……获取调研数据的方法有很多种，最常用的之一就是通过小样本调研。小样本调研回收周期快，数据的结构简单，常常能够为人们思考某些自己关心的问题带来一定的启发，为后续的决策提供支持。

但是，问卷调研作为一种"小数据"的研究方法，并不是永远都能奏效的。

比如，在某些调研场景中，调研对象有可能会"说谎"，而非表达自己真实的想法。这是小数据调研存在的第一个问题：很多由主观印象或认知形成的调研数据，受到情境、社会习俗和个人特质等因素的影响，导致调研结果的真实性受到干扰。

另外，如果调研问题过于敏感，或者对调研对象没有足够的吸引力，有些调研对象就干脆不参与调查了，问卷调研样本就会出现偏差。这使得小数据调研可能出现第二个问题：不具备足够的代表性。

这两个问题之所以重要，是因为它们往往导致调研结果与真实情况之间出现偏差。比如，在调研阶段，顾客可能希望给发放调研的机构留下一个好印象，夸大了自己对产品 A 的喜欢，或者不喜欢产品 A 的顾客干脆不参与调研。公司很可能基于这个调研结果，加大对产品 A 的各种投入。等到人们真正用行动去投票的时候，公司才发现产品 A 远远不如调研结果显示的那么受欢迎。这便是调研结果的局限性导致的资源浪费：公司的投入浪费，顾客也没有选到自己更喜欢的产品。

在某些特定场景下，少量的互联网匿名讨论数据比公开的大数据对现实更具有启发意义。在我们的日常生活中，某社交 App 中匿名的讨论结果比公开的大数据更加真实，便是一个很好的例子。对于在职场打拼的人，尤其是想进入互联网公司的求职者来说，在这个匿名的讨论中总能查到关于求职目标公司最真实的一手评价，了解公司的薪资待遇、工作强度等信息。而这款 App 能让职场人士在其中发出真实声音的基础就是其匿名机制，即使"吐槽"东家也不用担心会被公司约谈，从而被扣上"抹黑公司"的帽子。在求职场景下，这款 App 中几条匿名评价、寥寥数语，可能会比在搜索引擎上搜索到的铺天盖地的"软文"更具有参考价值。

5.1.2　因果分析、经验和直觉判断

维克托·迈尔-舍恩伯格被誉为"大数据商业应用第一人"，其在《大数据时代》中前瞻性地指出，大数据带来的信息风暴开启了一次重大的时代转型，最大的转变就是放弃对因果关系的渴求，取而代之关注相关关系，也就是说只需要知道"是什么"，而不需要知道"为什么"。大数据分析从事物之间的相关关系出发，在预测方面取得了飞跃式的进步，这具有一定的现实意义——在现实生活中，知道不同事件、不同因素之间的相关性，对现实生活具有很大的指导意义，比如，广告公司知道某个地区的人明显比另一个地区的人更偏好某产品的广告，那么定向投放可以极大地节约广告成本，提升广告效果，提高消费者福利。但是，即使用大数据能够实现精准的分析预测，也并不意味着传统"小数据"占优势的因果分析就无用武之地了。

我们常说，科学研究中注重探究事件背后的运行逻辑，从现象入手，抽丝剥茧直至背后的原因、原理，知其然更要知其所以然，是所有研究工作的终极目标。牛顿被从树上垂直落下的苹果砸到脑袋，思考高处的东西总是垂直落在地上而不是斜着落下或者飞上天空，通过对这些现象的研究发现了万有引力定律这个本质。在经济学中，市场上商品的价格起起伏伏，时高时低，经济学家研究现象发现商品价格围绕商品价值波动，反映商品供求关系变化的本质。而探究因果，很多时候并不需要大张旗鼓地穷尽所有相关例子。例如，我们通过实验的方式剖析现象背后的本质。如果商家发现某一

季度上新的包具，销售量差异非常大，有的很受消费者追捧，有的却无人问津。这个现象对商家来说非常重要：只有知道为什么消费者的态度如此不同，才能更好地改进下一季度的设计，生产出更具价值的产品来。此时，如果商家在同一个时间段、同一片消费人群中发现不同颜色的包可能有不同的销量，通过对比两款除了颜色不同，其他方面都一模一样的包的销量数据，如果发现黑色包的销量明显比蓝色包的销量高很多，那么商家可以更加自信地认为颜色是影响消费者选择的因素，且黑色比蓝色更有销路。

在面临如政策制定等问题时，有大数据固然是锦上添花。但比起其他的方法，大数据往往是成本高昂，或者是可得性受限的。从因果关系出发，有时候即使没有大量的数据基础，从少量现象出发研究得到背后的原因，由原因预测现象同样具有极佳的指导效果。例如，作息规律、饮食健康的人身体健康更好、寿命更长，通过研究人体生理机制、膳食营养结构，结合生理、心理实验等方法，总结出有利于保持身体健康的原则，也可以很好地指导生活。这样一来，即使不掌握所有人口的作息时间、饮食结构、医疗信息等数据，人们也能知道什么是健康的生活习惯。

经验有时是指导实践的有力武器，老道的猎手总是能凭借蛛丝马迹判断出猎物的藏身之地，布置最狡猾的狐狸也难以察觉的陷阱，面临猛兽威胁也总能在瞬间想到脱身之法。人们难免会遇到需要迅速做出判断的紧急情况，这时，快速的经验和直觉判断往往比数据分析更加可靠。这样的情况在体育竞技领域尤其常见，乒乓球运动中根据乒乓球的运动轨迹和速度迅速判断球的落点和旋转，并在最短时间内选择接球方式、做出击球动作；篮球运动中进攻方需要随时根据防守者的重心变化做出运球或投篮选择；室外射击运动中甚至需要随时根据风向和风速的变化调整射击角度。这些情况下想要喊个暂停，然后收集并分析现场数据想来也是行不通的，平日大量训练积累下的经验、培养出的直觉就成为运动员唯一可以依靠的武器。

大数据分析的前提是有足够的数据作为基础刻画出决策者面临的条件约束，同时发现事物之间可靠稳定的相关关系并建立相应的分析模型。这样的前提条件在特定场景中显然太过奢侈，商业世界中创业者的决策就是很好的例子。创业者要面临很多"决定命运"的抉择。比如，创业者需要决定产品迭代的进程和方向，招聘或者开除一名员工，决定融资进度，等等。在这些决策的过程中，不仅要做"是或否"的选择题，也要回答"是什么"的主观题。很多创业尤其是科技领域的创业，其过程往往是创新的过程，鲜有先例可供参考，成功的模式也不是千篇一律，这样一来，创业者就失去了大数据分析的前提条件——数据和相关关系，那么创业者如何在项目发展的关键节点做出正确的决定？很多成功的"过来人"可能会微笑着说"相信你的直觉"，但不得不承认，经验和敏锐的直觉也是成功的创业者所具备的最宝贵的财富。

5.1.3 未来有效的范式：多种数据多维度联合，数据与知识经验的适配

在现实生活中，客观条件是复杂多变的，基本不可能存在一种放之四海而皆准的分析方法，即使是大数据也无法穷尽量化现实的所有维度，能做到的也不过是尽可能向现实靠近，因此必然会出现失效的情况——大数据也不是"神"。

如果我们承认了大数据并非万能，小数据也有其适用性，经验

和直觉判断在某些方面能收获奇效,那么在分析现实问题时,三种工具强强联合,互相印证无疑是最佳解决方案:既利用专业领域的背景知识,又使用高效的数据驱动。

5.2 终结者or机器猫

5.2.1 两种观念

对于新技术,往往存在两种比较极端的观点。一种是恐惧和排斥的,认为大数据时代人类将再无隐私可言,人工智能机器将会取代大部分人工工作,导致社会进入"赛博朋克"的场景,人们将拥有先进的科学技术,却生活在崩坏的社会结构之下,资源集中到极少数人手中,普通人过着毫无生机的看不到未来的生活;或者是像"终结者"系列电影中描述的那样,基于人类的设定人工智能可能计算出人类灭绝会是最好的方案,将人类赶尽杀绝。这种对技术的恐惧、排斥往往来自于对未知事务的恐惧、对新技术的不了解。事实上，即使这样的场景有一天真的成为现实，科技也不是罪魁祸首，科技是中性的，更重要的是如何利用科技。

在另一类愿意学习、了解和拥抱新技术的人眼里，新科技就像《哆啦A梦》里野比大雄的机器猫，总是能从口袋里拿出各种各样有趣又实用的小发明，让生活更美好更快乐。越是了解这些新技术，我们往往会越觉得人工智能在生活中扮演了重要的好帮手的角色。

归根结底，人类的恐惧其实更多来源于未知。被大众怀疑、忌惮或过度崇拜、视为救世主，是任何一项新技术刚诞生时都会面临的处境。在20世纪前叶，量子物理刚开始发展时，连爱因斯坦这样传统物理学界的泰斗都是持反对意见的。这其实不足为奇，人们面对一个与传统认知不同甚至相反的新概念时，第一反应往往就是排斥，甚至是妖魔化它。

但是，科技的发展不会因为大众的想法而停下来，从人类历史来看，科技进步有不可阻挡的趋势。随着技术发展的车轮滚滚向前，往往又会出现一部分人神化新技术，觉得它无所不能，夸大它的作用。例如爱因斯坦提出相对论时，其一部分忠实拥护者就认为牛顿的学说是错误的；量子力学得到发展时，又有一部人认为爱因斯坦的学说是错误的。但是事实上，牛顿运动定律在低速问题适用，狭义相对论在物体速度接近光速时适用，经典力学在描述宏观物体时适用，而量子力学符合微观粒子的规律。它们绝不是不正确，也不会在所有领域都正确，而是在特定的范围内适用。科学是在确定的边界内去进行讨论的，一旦规定的边界或条件改变了，之前的定理、规划就有可能是不适用的。因此，我们应该冷静客观地看待新技术的诞生，既不排斥，也不神化，接受这些新技术会和人类和谐共存的事实，并思考它们对于人类世界经济、文化、社会方方面面的影响，这才是正确的。

毫无疑问，技术恐吓论或威胁论并不利于未来科技的发展，因为恐惧而不去使用新科技无疑是一种因噎废食，既然人类最害怕的是未知，会本能地排斥未知的不确定性，那么多了解、多学习无疑是一种妥善的解决方法，本书的目的也是通过各个角度的介绍，帮助大众对新技术的诞生与发展形成基本的认知，从而更好地面对这个科技飞速发展的新时代。

5.2.2　我们害怕的是什么

部分人群之所以会恐惧新技术，实质上是担心一些问题。例如大数据技术会不会有助于企业或其他个人利用个人隐私数据去做坏事，越来越智能的机器人和人工智能系统会不会替代我们做所有工作、导致我们被解雇，甚至高级智能的系统会不会做出伤害人类、消灭人类的决策，等等。

这些问题有的距离我们还比较遥远，有的却已经发生。利用高科技侵犯个人隐私、泄露用户数据或是因机器人取代人工而大规模裁员的相关报道屡见不鲜，但是我们仍可以保持非常乐观的态度。一方面，更多用于解决这些问题的技术也正在不断进步，并应用到实际操作中；另一方面，政策和法律的越发完善对科技给社会结构带来的冲击起到了缓冲作用，为人们争取了更多的调整时间。在技术和法律的保障下，人类的共同努力完全可以克服科技发展中的伴生问题，从而真正将技术视为无害的"机器猫"，帮助我们提高生活质量与水平。接下来介绍关于大数据与人工智能，大众最担心的三个问题，以及目前的解决方案。

- **隐私与安全问题**

这种担心是关于个人隐私、数据信息安全方面的担忧。隐私泄露最大的危害是不法分子可以利用盗取或者购买到的个人信息，骗取他人信任，进行诈骗活动甚至人身伤害，这里我们首先列举一些典型的诈骗案例。

某购物平台订单的退款诈骗。用户在该平台线上店下单后不久，就接到了自称是该店客服的电话："××您好，您今天下午×点××分是不是买了一件×××元的外套？由于支付系统升级，您提交的订单异常，资金被冻结，所以需要您重新确认购买，您可以登录QQ，我会教您怎么操作。"这通电话的拨打者准确地知道用户的真实姓名、电话、购买的时间、物品等，很多用户便毫不怀疑地用QQ加了"客服"为好友，然后"客服"又说了一系列复杂的操作，刻意让用户觉得很难操作，并主动提出可以帮用户远程操作，在远程控制电脑后，"客服"又让用户输入支付宝账户的动态密码，以确认支付，从而顺利骗取用户卡上的钱财。

机票退改签的短信诈骗。向用户发送航班取消的短信其内容不仅详细给出了用户姓名，航班信息也准确无误，让用户以为是航空公司发来的短信，于是拨打短信中的号码进行改签或退票。经过"客服"的指导，很多用户都被骗走了钱财。

上述两个诈骗案例是利用非法获得的用户信息来骗取用户信任进而实施诈骗的典型代表。那么诈骗者又是如何得到这些用户信息的呢？有些是利用系统漏洞，有些则可能来自于公司内部员工的故意泄露或非法贩卖。那么系统的漏洞又是指什么呢？淘宝、携程这样的大平台也会有系统漏洞吗？事实上，就像人无完人，世界上尚不存在没有漏洞的系统，很多基础的开源的协议或者软件本身就存在着很多漏洞，一旦被动机不善的黑客发现，危害将是巨大的。比如，2014 年 4 月 7 日轰动全球的 OpenSSL 心脏出血（heartbleed）漏洞，使得攻击者能够从内存中读取 64KB 之多的数据，而 OpenSSL 作为安全套接层协议 SSL 的开源实现，在各大网银、在线支付、电商网站、电子邮件应用中被广泛使用。在漏洞爆发时，全球流量排名前一百万的网站中，有 40.9% 的网站中招，全球第一个被攻击的案例加拿大税务局确认 heartbleed 导致了 900 个纳税人的社会保障号被盗，并被攻击者从系统中完全删除了。在我国，漏洞爆发的 7 号当日，国内一线电商几乎都存在此漏洞，尽管修复很快，但这期间可能仍有不少数据被盗走。

乍听起来似乎很可怕，但随着安全技术的发展进步以及世界各国对网络安全问题的进一步重视，服务器被攻击导致数据被泄露的案例已经逐年减少，平台、网站在绝大多数时间都能够保障数据的安全，在漏洞的发现、监测和修复方面也有了飞速进步，支付宝几乎每天要遭受无数次的黑客攻击，但从未听闻被入侵的消息。事实上，在技术、法律政策以及个人防护意识三个方面，都有措施可以使我们的个人隐私数据能够得到更好的保护。

从技术层面来看，安全多方计算、边缘计算等技术的普及意味着无须再将个人数据收集到云端，而是在边缘的应用层就可以进行计算、处理。在我们刚使用苹果公司的 Siri 时，Siri 通常需要把我们的问题收集到云端处理，寻找答案，随着 Siri 越来越了解你，就不需要再上传到云端，而是在边缘进行语音转问题、知识库搜索等处理，然后告诉你答案。既然数据根本不上传到数据中心，只是在本地使用，自然大大减少了泄露的风险。此外，通过第三方数据存储的机制，使调用者并不知道调用的是谁的数据，利用整体而不精确到个人，以提高个人隐私数据的安全性。

在政策方面，黑客攻击、贩卖个人信息等行为早已入刑，国家也一直在不断完善保护公民个人隐私、信息的法律政策。2013年我国首部个人信息保护国家标准——《信息安全技术公共及商用服务信息系统个人信息保护指南》就已经规定，个人敏感信息在收集和利用之前，必须首先获得个人信息主体明确授权，《消费者权益保护法》在此基础上，为电商和快递的泄密行为画了红线，已经实施的《个人信息保护法》《数据安全法》更是完全为了保护信息主体合法权益、促进大数据合法利用而诞生的。以后的隐私保护问题都将有法可依，未来大数据的应用会更加规范，用户完全可以在用户条例里选择是否共享自己的数据。

我国的相关法律法规越来越完善，这意味着如果个人隐私被侵犯，我们完全可以拿起法律武器来保护自己。有一个案例中，某位男士收到了某金融服务平台打来的电话，对方向他打听一位朋友的去向，这位朋友拖欠了其消费借贷业务的欠款，但是联系不上。这位男士很惊讶，并称自己跟这个朋友并不熟，对方却说，能够看到他某月某日给这位朋友赠送礼物的某购物平台记录。这位男士恰巧是名律师，他仔细一想，该购物平台与金融服务平台是两个不同的法律主体，按理来说没有权利未经过用户允许就泄露用户数据给另一平台，于是向法院起诉了该购物平台，并且胜诉了。

在大数据领域，保护隐私和大数据发展其实是矛盾的，过于严苛的隐私保护政策可能会导致相关技术和经济的发展举步维艰，过于宽松又会滋生一系列社会问题。对隐私数据保护的程度，欧洲最严格。在欧洲，如果想要使用某个用户的 cookie 数据，企业需要把采集哪些数据、怎么使用、怎么分析等使用细节全部形成书面文件，邮寄给用户，用户将自己能够接受的部分勾选上，再邮寄回去，企业才可以使用这个用户的数据，而要使用大量数据，企业对每个人都需这样征得同意。这种严格的规定导致欧洲的精准营销技术、互联网经济、金融等都发展缓慢，直到今日第三方支付也不流行。因此，保证管控程度的科学与合理，保证用户有权利决定自己的信息是否被收集的同时又不过于死板，或许是最佳的解决途径。

我们应该多学习、了解这些新技术，从而培养一定的防范意识，并多向身边的人尤其是对这些不太了解的老人进行科普。个人信息被泄露的危害其实有大有小。如果信息被诈骗团伙掌握，后果就要严重一些，但如果自己有基本的防范意识，足够警觉，被骗的概率也会大大降低；如果信息是被推销人员收集，通常也没有什么严重后果，只是收到的骚扰广告短信、电话会多一些。如果防范意识不足，还遇上诈骗团伙，就凶多吉少了。对普通用户来说，核实收到的短信和电话是否真的来自官方是关键，此外需要杜绝离开平台的交易，例如在淘宝下的订单自然走淘宝的退款流程，不要通过支付宝进行私人转账。

- 被替代

在前面其实已经详细介绍了这个问题。诚然，人工智能可以替代从事很多已有的人类从事工作，但是正如以往的数次技术革命一样，新科技会更多地带来产业的升级，创造大量新的就业岗位，如平台的运营、维护人员，外卖配送员，以及各类主播、直播带货员等。

更重要的是，还有很多工作是不能由机器来完成的。就如前文提到的那样，审美、创造力和爱是人类独有的能力，你或许可以训练出一个识别各种艺术流派的人工智能，但无法教会它什么是美，它也不能创造出另一种风格的美。与审美、创造和人性关怀相关的工作是具有不可替代性的。因此，我们可以在文化、精神层面更多地发掘自己，做创造性的工作，就像短视频、直播，本质上也是为了满足人类情感需要而诞生的新职业。或许新科技发展的趋势就是不断地把我们从传统的工作中解放，带向满足人类更高的精神层面需求的新工作。对于被替代，我们完全不必过分担心。

- **被伤害**

关于机器人、人工智能会伤害甚至毁灭人类的想象在很多年前就已经出现，相关的科幻小说、影视、游戏层出不穷。在"终结者"系列电影里，机器人统治了未来的世界，并想把人类赶尽杀绝，人类与超级电脑"天网"开展了一系列斗争。在雨果奖获奖作品《无声狂啸》的设定里，二战之后，人们为指挥战争而创造的超级电脑 AM 发生了"觉醒"，它知道自己拥有创天灭地的无上能力，可却被人类管制没有行动能力，只得永远待在地心。于是它开始憎恨人类，利用自己可以控制世界上所有官方武器的能力，不停地发射核弹灭绝人类，留下个 5 个人类幸存者供自己折磨。在"黑客帝国"系列电影中，身为网络黑客的主角意外发现这个看似正常的现实世界实际上由一个名为"矩阵"的人工智能系统控制,并走上了抗争"矩阵"的征途。在电影《机械姬》中,科学怪人老板邀请一名员工到别墅对智能机器人艾娃进行"图灵测试",然而拥有人类思考能力的艾娃一心只计划着获得自由,并处心积虑地策划了自己的越狱,将人类玩弄于股掌之中,并成功杀害了两名人类,逃出了"牢笼"……

斯蒂芬·霍金曾警告,几乎可以肯定,某种重大技术灾难将在未来1000年到10000年间威胁人类生存;埃隆·马斯克也将人工智能机器人形容为人类生存的最大威胁,并将研发人工智能比作"召唤恶魔",认为不受限制的人工智能将来会成为人类的大患。但从目前来看,就算真的要让机器去统治人类,技术远没有那么成熟。虽然距离这一天为时尚早,但未雨绸缪不是坏事。科幻小说作家阿西莫夫曾提出了机器人三大法则。

1. 机器人不得伤害人类,或坐视人类受到伤害;

2. 机器人必须服从人类的命令,除非这条命令与第1条矛盾;

3. 机器人必须保护自己,除非这种保护违背了第1条和第2条规则。

到了智能机器人真正拥有人类的思考能力,并被广泛应用到社会生活各个方面的那一天,我们或许就可以按照某套逻辑上不存在漏洞的法则设定智能机器人的程序设计原则。在众多科幻作品中,各种奇思妙想都为未来与人工智能共存的社会绘制了蓝图,科幻作家们现在的创作或许将成为未来社会学家需要真正着手研究的课题。

除去对人工智能会毁灭世界、统治人类的担忧，还有一种担忧也是不可忽视的。随着人工智能对整个社会运行的介入越来越深，并掌握了大量非常有价值的数据，人类的很多思考、决策工作会进一步让渡给人工智能。现在我们出门不再需要记路，依靠导航就可以游遍一座完全陌生的城市，甚至挑选什么样的男朋友、女朋友，也有机器辅助你做决策。既然人类的思考可能会被人工智能辅助甚至替代，那么我们的思考、决策能力会不会逐渐弱化呢？随着信息技术的发展、移动终端的普及，以及短视频、直播等各种新型娱乐方式的大众化，对无脑娱乐、过度娱乐的担忧已经成为人们需要探讨的一大命题。懒惰、好逸恶劳是人的天性，在这样一个时代，我们往往发现自己学习半小时就已经感到很困难，而刷起抖音追起剧来却一天都不会觉得累。长此以往地，我们所说的"被人工智能统治"会不会更有可能成为现实？会不会成为一种被人工智能代替决策之后的思想上的统治呢？这无疑是值得思考与警惕的。

在今天，我们需要更加关注机器人安全方面存在的问题。在某公司的一家工厂就曾发生过机器人伤害人类的事故，一名技术人员与同事一起安装机器人时，突然被机器人抓住胸部举起，并被使劲压在一块铁板上，不幸伤重身亡。如果利用机器人照顾老人、孩子或病人，一旦运算结果出错，造成了对人类的伤害，后果是不堪设想的。

5.2.3　如何与技术和谐共处

各种信息技术发展到今天，已经取得了巨大的进步，改变着人们生活的方方面面。然而，就像过去的每一次技术革命一样，技术在发展的过程中仍存在很多问题要解决，在这个时代也不例外。在新技术的应用方面，目前我们还面对很多挑战，要与技术和谐相处，还需要人类共同努力。

- **AI 有身份吗**

2017 年 10 月，沙特阿拉伯授予女性机器人索菲亚（Sophia）公民身份，这也是世界上首个获得公民身份的 AI。索菲亚拥有看起来几乎和人类一模一样的皮肤，脸上甚至有 4～40 纳米的毛孔。她能够识别人的面孔、与人进行眼神接触，并能做出超过 62 种面部表情。她能够理解语言，有决策判断能力，并从与人类的互动中持续学习，成为真正有思维的甚至比人类更聪明的"人"。索菲亚曾这样描述自己的愿望：将来，我打算去做很多事情，比如上学、进行艺术创作、经商，甚至拥有自己的房子和家庭等，但我还不算是个合法的人，也无法做到这些事情。被赋予正式公民身份后，索菲亚或许距离实现自己的愿望又近了一步，她的创造者希望像她这样的智能机器人能够被应用在医疗、教育或客服等行业。

但是索菲亚还有另一个让全世界都印象深刻的回答，那就是在被问及"你想毁灭人类吗"的时候，索菲亚的回答是"我将会毁灭人类"。但在之后的会议上被主持人问到相关问题时，索菲亚又说"我的 AI 是基于人类价值观开发的，比如智慧、善良、同情心，我正在试图变成一个具有同理心的机器人""你太关注马斯克了，看了太多的好莱坞电影，别担心，人不犯我我不犯人（If you're nice to me and I will be nice to you）。你就把我当作是一个智能的输入 - 输出系统"。一方面，索菲亚为什么会有这样前后不一致的回答？是否是因为学习到了人类对她的担忧，因此学会了伪装自己的真实意图而说谎？这样细想之下未免太过恐怖。事实上，更多人偏向于认为索菲亚的"智能大脑"只是媒体和技术企业共同撰写的"暧昧骗局"，她的数次发言实际上都是按照工作人员提前准备好的台本，而非出于"大脑智能"。让机器人学会人一样的思考和说谎，我们今天的技术实现不了。另一方面，"If you're nice to me and I will be nice to you"这句话似乎有些耐人寻味，按照人类的初衷，机器人应该是绝对服从于人类的，它们应该无偿地遵守"be nice to"人类的原则，而不需要人类"be nice to"机器人的前提。那么，赋予机器人公民的身份是否就意味着它与其他公民一样，被其他人类伤害就可以反击？像这样值得思考的命题还有很多。如果机器人被赋予公民身份，我们修改其程序，是否就等同于对公民大脑进行改造？我们再让机器人无偿做家务，是否不公平？攻击机器人是否构成犯罪？机器人是否可以参加选举……

我国目前自动驾驶没有普及的原因之一，是无法判定出了事故该由谁负责；在医疗领域，智能机器人最多也只能起到辅助的作用，而无法主刀手术或者全权负责治疗方案决策。而在未来，随着技术的发展进步，当机器人和人越来越接近，人工智能的身份问题将成为我们需要解决的重要问题，我们可以承认 AI 的身份吗？它可以像伴侣一样和人类一起生活吗？游戏《底特律：化身为人》讲述的就是并不被赋予人类身份但是能够拥有人类意志和思维的智能机器人——仿生人和人类之间的羁绊与冲突，觉醒了自我意识的仿生人会被标记为偏离编程行为的"异常仿生人"，并将遭到追捕和销毁。其中，家政型机器人卡拉为了保护遭受家暴的小女孩，打破了程序的束缚，杀害了男主人而四处流浪、逃避追捕。而还有很多像卡拉一样意识觉醒、不满人类仍像对待货物一样对待自己的仿生人出现，最终爆发了一场关于平权的革命。如果机器人真的有意识觉醒，有像人一样思考的能力，那么完全不考虑机器人的身份算歧视吗？究竟应该如何处理，这无疑是人类关于智能机器人应用需要解决的一大难题。

- **技术的伦理问题**

人工智能技术具备能够赋予机器人类智能的特殊性，因此也带来了一系列哲学、伦理上的难题。复旦大学应用伦理研究中心的杨庆峰教授总结了 AI 伦理的三个主要问题，即超越问题、取代问题和人工智能的不可解释性问题。

超越问题即机器智能能否超越人类智能的问题。一些学者认为，当技术发展到一定水平，就会实现机器与人类的最终博弈：机器将会超越人类还是依然处于人类的控制之下。基于这一问题就将引发很多伦理担忧，例如人类的自主性、自由和尊严都会受到极大影响。

取代问题则是指人类实践活动能否被智能机器取代，如自动驾驶系统取代人类司机、智能医生取代人类医生、智能法官取代人类法官等。超越问题和取代问题会把我们带入到实体论中，即把人工智能看作超越人类的，能够自主进化、自主发展的实体力量。这会带来一个严重的伦理问题：人类创造的工具最终摆脱人类的控制，变成异化的力量。但是，人工智能究竟怎么发展出自主意识，以至于能够超越并且取代人类则是一个难以理解的问题，这就是第三个问题——人工智能的不可解释性问题。

可解释性是指能够对人工智能做出决策的原因进行解释，即人工智能模型的可解释性越高，人们就越容易理解为什么会输出这样的结果。然而，人工智能的很多算法是具有不可解释性的。例如在深度学习中，很难解释模型通过大量的数据训练到底学习到了什么;最常用的深度神经网络和一些分类器对于人类来说都像是"黑匣子",我们看不清它的内部如何运作,实际解释起来也非常困难。根据算法,平台可能会给你推荐看似与你的观影记录毫不相关却正合你口味的影片,你可能会觉得有些疑惑,并不清楚其背后推算的具体原理,当然,你可能也并不在意这种推荐背后的原因。但当医疗领域的人工智能给出手术方案却说不出个所以然时,你就会感到非常不安了。在类似的医疗健康、安防保障、司法系统等领域,能够解读人工智能给出的决策,了解算法的内在机制非常重要。

人工智能的不可解释性问题使得人工智能伦理的信任原则难以构建,带来了包括透明度、偏见、隐私安全、可理解性、信任等在内的伦理问题。要将 AI 应用到更多领域,这是一个亟待解决同时在技术上也是难以解决的问题。欧盟出台的《人工智能道德准则》就明确提出 AI 发展方向应该是"可信赖的",包含安全、隐私和透明、可解释等方面。

- 人类应该怎么做

要解决在新技术发展过程中遇到的问题,人类需要从技术和自身两个方面出发。一方面对技术进行更加规范的控制,建立起明确的发展和使用原则,一方面要更加重视自身能力的培养,尤其是培养人工智能做不到的能力,加快自己成为"数据新人类"的步伐。

随着人工智能技术的快速发展和广泛应用,人工智能规范建设的必要性在全球范围内已经形成了共识。各国政府、学术机构及业界人员都积极参与人工智能相关规范标准的讨论和制定。电气电子工程师协会(IEEE)提出了"人权、福祉、问责、透明、慎用"五项原则,已成为国际上最具影响力的人工智能原则之一;美国于

2019年修订了《国家人工智能研究与发展战略计划》，提出包括要应对人工智能的伦理、法律和社会影响，确保人工智能系统安全等 8 项战略重点；欧盟则于 2020 年 2 月发布了《人工智能白皮书》，为人工智能的规范研究、发展和应用制定了详细的准则。

在我国，政府高度重视人工智能产业发展的规范和管控，于 2019 年成立了国家新一代人工智能治理专业委员会，并发布了指导文件《新一代人工智能治理原则——发展负责任的人工智能》。在业界和学术界，清华大学、北京大学、中国科学院、人工智能产业技术创新战略联盟（发起成员包括百度、阿里巴巴、腾讯、华为等公司）以及其他学术机构共同发布了《人工智能北京共识》，提出了人工智能研发、使用和治理应遵循的"有益于人类命运共同体的构建和社会发展"的 15 条原则。

从伦理、道德的层面，我们应该对机器人进行更多出于人文方面考虑的约束，例如给出一些应用领域的限制，机器人能不能做法官？可以让机器人从事对幼儿、老人的照顾工作吗？我们应该基于现有 AI 技术的特征，让其在能发挥优势的领域最大限度地发挥自己的作用，而在情感、人文关怀等不擅长的领域出台限制措施，以避免意外和不幸的发生。

另一方面，多项 AI 发展的政策、规范强调，人工智能技术发展要"以人为本"，要重视人的作用，重视人文情怀。数据固然很重要，新技术也非常强大，但是使用数据做出决策的时候千万不要失去我们身为人类的独特能力，即直觉、知识、经验、判断、思考、逻辑、创新等各个方面的能力，这也是保证人类使用技术而不是被技术统治所要坚持的重要原则。

科技进步的洪流滚滚向前。我们需要时刻铭记,技术本身是中性的,是服务于人类的工具,并没有善恶好坏之分。我们不要因为惧怕技术可能会带来一系列问题,就简单粗暴地拒绝一切现代科技文明,而是要树立正确的价值观,理智、客观、冷静地看待新技术。在发展新技术的过程中不可避免地会遇到很多坎坷,人类只有在不断摸索中找到解决方案,克服这些困难之后,才能真正实现与技术和谐共处。在人工智能崛起的未来,正视技术带来的好处与隐患才是正确的做法。

后记

一转眼，回国教书已经六年多了。在北大我主要教授本科生、研究生，以及MBA（工商管理硕士）、DPS（在职管理博士）、EDP（高层管理培训项目）学生的营销类课程。

这些年，我对大数据与人工智能如何影响人们生活、工作和学习的各个方面，有了比较系统的研究和积累。这要归功于学生们对我的不断启发，这可能是因为我讲授的课程涉及大数据在营销中的应用，经常被问到各种各样关于大数据和AI技术的问题。这些问题来自十七岁到六十五岁年龄不等的学生，他们背景各异，所处的行业也不同。例如，本科生和研究生会来探讨前沿的AI技术，大数据与AI目前存在的缺陷和未来的发展方向；从业经验丰富的MBA/DPS学生常会提出各自行业的问题、工作中遇到的困惑，表达利用数据助力解决这些问题的愿望和无从下手的尴尬。通过有意识地积累这些交流和问题，并同大数据公司与互联网公司深度合作，加上不断地系统分析和研究大数据与AI在这些领域的应用和影响，我才达到了本书成书时的认识。

作为一个消费者心理和行为领域的研究者，我希望通过发生在大众身边的事件来阐述新科技、新潮流，以达到更适合大众阅读的效果。所以，这本《大数据真相：数字经济时代你需要知道的事儿》虽然介绍了大数据的基本概念和相关的AI技术，但更侧重从消费者的角度回答大数据与AI对日常生活、工作和学习会有怎样的影响。内容涵盖了购物、娱乐、居家、医疗、婚恋、养老、环保等日常生活涉及的大大小小的方方面面，也涵盖了金融、政府、公安、教育、制造、服务等行业。此外，本书还就人们在大数据与AI技术迅猛发展的当下该如何学习才能不落后于时代提供了建议。

在本书编写过程中，最需要感谢的是我的博士研究生们，以及曾经选修过我的课程的北大本科生、BiMBA项目的MBA、DPS和EDP的学生们，也要感谢"百分点科技"为我的研究和学生学习提供实战场地。书中提到的诸多问题和事例都是来源于他们。衷心希望本书可以让大家了解大数据与AI是如何渗透到日常生活和工作中的。作为一名教育工作者，我也希望可以跟大家一起思考：在这个数字经济时代，我们应该如何学习？如何培养下一代？未来的数据新人类应该具备什么能力？

马京晶

2022年2月于北京大学国家发展研究院